文春文庫

父の詫び状

向田邦子

文藝春秋

初出誌「銀座百点」一九七六年二月号〜一九七八年六月号
単行本　一九七八年十一月　文藝春秋刊
文庫　一九八一年十二月　文春文庫（旧版）
（本書は右文庫の新装版です）

この作品の中に、現在では差別的表現とされる箇所があります。しかし、著者の意図は決して差別を容認、助長するものではありませんでした。また、作品の時代的背景及び著者がすでに故人であるという事情にも鑑み、あえて発表時のままの表記といたしました。

（編集部）

父の詫び状／目次

cf.「NHK.知るを楽しむ
私のこだわり人物伝」'07-12-1発行
「昭和を愛した不良・久世光彦」
向田邦子作品の脚色・演出多数 '06-没(70)

父の詫び状

父の詫び状

つい先だっての夜更けに伊勢海老一匹の到来物があった。

ひと仕事終えて風呂に入り、たまには人並みの時間に床に入ろうかなと考えながら、思い切り悪く夕刊をひろげた時チャイムが鳴って、友人からの使いが、いま伊豆から車で参りましたと竹籠に入った伊勢海老を玄関の三和土《たたき》に置いたのである。

オドリにすれば三、四人前はありますというだけあって、みごとな伊勢海老であった。勿論生きている。

暴れるから、火にかけたら釜の蓋で力いっぱい押えて下さいと使いの人がいい置いて帰ったあと、私は伊勢海老を籠から出してやった。どっちみち長くない命なのだから、しばらく自由に遊ばせてやろうと思ったのだ。海老は立派なひげを細かく震わせながら、三和土の上を歩きにくそうに動いている。黒い目は何を見ているのか。私達が美味《おい》しいと賞味する脳味噌はいま何を考えているのだろう。

七、八年前の年の暮のことだが、関西育ちの友人が伊勢海老の高値に腹を立て、産地からまとめて買って分けてあげるといい出したことがあった。

押し詰って到着した伊勢海老の籠を玄関脇の廊下に置いたところ、間仕切りのない造りだったので、夜中に海老が応接間へ這い出してしまったのである。海老達はどういうわけかピアノの脚によじ登ろうとしたらしく、次の日に私が訪ねた時、黒塗りのピアノの脚は見るも無惨な傷だらけになり、絨毯《じゅうたん》には、よだれというかなめくじが這ったあとのようなしみがいっぱいについていた。結局高い買物についてしまったわねと大笑いをしたことを思い出して、三和土の隅のブーツを下駄箱に仕舞った。

奥の部屋では三匹の猫が騒いでいる。

ガサゴソという音を聞きつけたのか匂いなのか。猫に伊勢海老を見せてやりたいという気持がチラと動いたが、結局やめにした。習性とはいえ飼っている動物の残忍な行動を見るのは飼主として辛《つら》いものがある。

これ以上眺めていると情が移りそうなので籠に戻し、冷蔵庫の下の段に入れて寝室に入ったのだが、海老の動く音が聞えるような気がして、どうにも寝つかれないのである。

こういう晩は嫌な夢を見るに決っている。

これも七、八年前のことだが、猫が四角くなった夢を見たことがあった。

いま飼っているコラット種の雄猫マミオがタイ国から来た直後、先住のシャム猫の雌と折り合いが悪く、馴《な》れるまでペット用の四角い箱の中に入れておいたことがある。その頃見たテレビのシーンに「四角い蛙」のはなしがあった。大道香具師《やし》が前日から蛙を四角い箱に押し込んで置く。四角くなった蛙を面白おかしい口上と共に売りつけるのである。買った人がうちへ帰って開ける頃にはもとの蛙にもどっているのだが、あとは野となれ山となれ。おかしくてその時は笑ったのだが、気持のどこかに笑い切れないものが残っていたのだろう。

夢の中でマミオが灰色の四角い猫になっているのである。何ということをしてしまったのかと私は猫を抱きしめ声を立てて泣いてしまった。自分の泣き声でびっくりして目を覚ましたのだが、目尻が濡れていた。すぐに起きて猫の箱をのぞいたら猫は丸くなって眠っていた。

灯を消して天井を見ながら、なるべく海老以外のことを考えようとしたら、不意にマレーネ・ディートリッヒの顔が浮かんできた。

テレビで見た往年の名画「間諜X27」のラストシーンである。娼婦の姿をしたディートリッヒが反逆罪で銃殺される。隊長が「撃て」と命令し、並んだ十数人の兵士の銃が一斉に発射されるのだが、あれはうまい仕掛けである。命令した人間は手を下したのは自分ではないと思い、撃った兵士も命令に従ってやっただけだと自分に言い訳が立つ。

しかも、ああいう場合、誰の銃に実弾が入っているか、本人にも知らされないと聞いている。

そこへゆくと、一人暮しは不便である。

海老を食べようと決めるのも私だし、手を下すのも私である。冷蔵庫の中でまだ動いているに違いない大きい海老を考えると気が重く、眠ったのか眠らないのか判《わか》らないうちに朝になってしまった。

昼前、私はまだ生きている海老を抱えてタクシーにのり、年頃の大学生のいるにぎやかな友人の家を選んで海老を進呈した。

玄関には海老の匂いとよだれのようなしみが残った。香を焚《た》き、海老一匹料《りょう》れなくてどうする、だからドラマの中でも人を殺すことが出来ないのだぞと自分を叱りながら、四ツン這いになって三和土を洗っていた。

子供の頃、玄関先で父に叱られたことがある。

保険会社の地方支店長をしていた父は、宴会の帰りなのか、夜更けにほろ酔い機嫌で客を連れて帰ることがあった。母は客のコートを預ったり座敷に案内して挨拶《あいさつ》をしたりで忙しいので、靴を揃《そろ》えるのは、小学生の頃から長女の私の役目であった。

それから台所へ走り、酒の燗《かん》をする湯をわかし、人数分の膳を出して箸置きと盃を整える。再び玄関にもどり、客の靴の泥を落し、雨の日なら靴に新聞紙を丸めたのを詰めて湿気を取っておくのである。

あれはたしか雪の晩であった。

お膳の用意は母がするから、といわれて、私は玄関で履物の始末をしていた。

七、八人の客の靴には雪がついていたし、玄関のガラス戸の向うは雪明りでボオッと白く見えた。すき間風のせいかこういう晩は新聞紙までひんやりと冷たい。靴の中に詰める古新聞に御真影がのっていて叱られたことがあるので、かじかんだ手をこすり合せ、気にしながらやっていると、父が鼻唄をうたいながら手洗いから出て座敷にゆくところである。

父は音痴で、「箱根の山は天下の険」がいつの間にかお経になっているという人である。うちの中で鼻唄をうたうなど、半年に一度あるかなしのことだ。こっちもついつられてたずねた。

「お父さん。お客さまは何人ですか」

いきなり「馬鹿」とどなられた。

「お前は何のために靴を揃えているんだ。片足のお客さまがいると思ってるのか」

靴を数えれば客の人数は判るではないか。当り前のことを聞くなというのである。

あ、なるほどと思った。

父は、しばらくの間うしろに立って、新聞紙を詰めては一足ずつ揃えて並べる私の手許を眺めていたが、今晩みたいに大人数の時は仕方がないが、一人二人の時は、そんな揃え方じゃ駄目だ、というのである。

「女の履物はキチンとくっつけて揃えなさい。男の履物は少し離して」

父は自分で上りかまちに坐り込み、客の靴を爪先の方を開き気味にして、離して揃えた。

「男の靴はこうするもんだ」

「どうしてなの」

私は反射的に問い返して、父の顔を見た。

父は、当時三十歳をすこし過ぎたばかりだったと思う。重みをつけるためかひげを立てていたが、この時、何とも困った顔をした。少し黙っていたが、

「お前はもう寝ろ」

怒ったようにいうと客間へ入って行った。

客の人数を尋ねる前に靴を数えろという教訓は今も忘れずに覚えている。ただし、なぜ男の履物は少し離して揃えるのか、本当の意味が判ったのは、これから大分あとのことであった。

父は身綺麗で几帳面な人であったが、靴の脱ぎ方だけは別人のように荒っぽかった。くつぬぎの石の上に、おっぽり出すように脱ぎ散らした。

客の多いうちだからと、家族の靴の脱ぎ方揃え方には、ひどくうるさいくせに自分はなによ、と父の居ない時に文句をいったところ、母がそのわけを教えてくれた。

父は生れ育ちの不幸な人で、父親の顔を知らず、針仕事をして細々と生計を立てる母親の手ひとつで育てられた。物心ついた時からいつも親戚や知人の家の間借りであった。履物は揃えて、なるべく隅に脱ぐように母親に言われ言われして大きくなったので、早く出世して一軒の家に住み、玄関の真中に威張って靴を脱ぎたいものだと思っていたと、結婚した直後母にいったというのである。

十年、いや二十年の恨みつらみが、靴の脱ぎ方にあらわれていたのだ。

そんな父が、一回だけ威勢悪くションボリと靴を脱いだことがある。戦争が激化してぼつぼつ東京空襲が始まろうかという、あれも冬の夜であった。

カーキ色の国民服にゲートルを巻き、戦闘帽の父が夜遅く珍しく酒に酔って帰ってきた。酒は配給制度で宴会などもう無くなっていた頃だったから、闇の酒だったのかも知れない。灯火管制で黒い布をかけた灯りの下で靴を脱いだ父は、片足しか靴をはいていないのである。

近くの軍需工場の横を通ったところ、中で放し飼いになっている軍用犬が烈《はげ》しく吠え

立てた。犬嫌いの父が、

「うるさい。黙れ！」

とどなり、片足で蹴り上げる真似《まね》をしたら、靴が脱げて工場の塀の中へ落ちてしまったというのである。

「靴のひもを結んでいなかったんですか」

と母が聞いたら、

「間違えて他人の靴をはいてきたんだ」

割れるような大声でどなると、そっくりかえって奥へ入って寝てしまった。たしかにふた回りも大きい他人の靴であった。

翌朝、霜柱を踏みながら、私は現場に出かけて行った。犬に吠えられながら電柱によじ登って工場の中をのぞくと、犬小舎のそばに靴らしいものが見える。折りよく出てきた人にわけを話したところ、

「娘さんかい。あんたも大変だね」

といいながら、中からポーンとほうって返してくれた。犬の嚙みあとがあったが、もともとかなり傷んでいたから大丈夫だろうと思いながらうちへ帰った。それから二、三日、父は私と目があっても知らん顔をしているようであった。

「啼《な》くな小鳩よ」という歌が流行《はや》った頃だから昭和二十二、三年だろうか。父が仙台支店に転勤になった。弟と私は東京の祖母の家から学校へ通い、夏冬の休みだけ仙台の両親の許へ帰っていた。東京は極度の食糧不足だったが、仙台は米どころでもあり、たまに帰省すると別天地のように豊かであった。東一番丁のマーケットには焼きがれいやホッキ貝のつけ焼の店が軒をならべていた。

当時一番のもてなしは酒であった。

保険の外交員は酒好きな人が多い。配給だけでは足りる筈もなく、母は教えられて見よう見真似でドブロクを作っていた。米を蒸し、ドブロクのもとを入れ、カメの中へねかせる。古いどてらや布団を着せて様子を見る。夏は蚊にくわれながら布団をはぐり、耳をくっつけて、

「プクプク……」

と音がすればしめたものだが、この音がしないと、ドブロク様はご臨終ということになる。

物置から湯タンポを出して井戸端でゴシゴシと洗う。熱湯で消毒したのに湯を入れ、ひもをつけてドブロクの中へブラ下げる。半日もたつと、プクプクと息を吹き返すのである。

ところが、あまりに温め過ぎるとドブロクが沸いてしまって、酸っぱくなる。こうな

ると客に出せないので、茄子《なす》やきゅうりをつける奈良漬の床にしたり、「子供のドブちゃん」と称して、乳酸飲料代りに子供たちにお下げ渡しになるのである。すっぱくてちょっとホロっとして、イケる口の私は大好物であった。弟や妹と結託して、湯タンポを余分にほうり込み、

「わざと失敗してるんじゃないのか」

と父にとがめられたこともあった。

客の人数が多いので酒の肴《さかな》を作るのも大仕事であった。年の暮など夜行で帰って、すぐ台所に立ち、指先の感覚がなくなるほどイカの皮をむき、細かく刻んで樽いっぱいの塩辛をつくったこともあった。新円切り換えの苦しい家計の中から、東京の学校へやってもらっている、という負い目があり、その頃の私は本当によく働いた。

働くことは苦にならなかったが、嫌だったのは酔っぱらいの世話であった。

仙台の冬は厳しい。代理店や外交員の人たちは、みぞれまじりの風の中を雪道を歩いて郡部から出て来て、父のねぎらいの言葉を受け、かけつけ三杯でドブロクをひっかける。酔わない方が不思議である。締切の夜など、家中が酒くさかった。

ある朝、起きたら、玄関がいやに寒い。母が玄関のガラス戸を開け放して、敷居に湯をかけている。見ると、酔いつぶれてあけ方帰っていった客が粗相した吐瀉物《としゃぶつ》が、敷居のところいっぱいに凍りついている。

玄関から吹き込む風は、固く凍《い》てついたおもての雪のせいか、こめかみが痛くなるほど冷たい。赤くふくれて、ひび割れた母の手を見ていたら、急に腹が立ってきた。

「あたしがするから」

汚い仕事だからお母さんがする、というのを突きとばすように押しのけ、敷居の細かいところにいっぱいにつまったものを爪楊子で掘り出し始めた。

保険会社の支店長というのは、その家族というのは、こんなことまでしなくては暮してゆけないのか。黙って耐えている母にも、させている父にも腹が立った。

気がついたら、すぐうしろの上りかまちのところに父が立っていた。

手洗いに起きたのだろう、寝巻に新聞を持ち、素足で立って私が手を動かすのを見ている。

「悪いな」とか「すまないね」とか、今度こそねぎらいの言葉があるだろう。私は期待したが、父は無言であった。黙って、素足のまま、私が終るまで吹きさらしの玄関に立っていた。

三、四日して、東京へ帰る日がきた。

帰る前の晩、一学期分の小遣いを母から貰う。

あの朝のこともあるので、少しは多くなっているかと数えてみたが、きまりしか入っていなかった。

いつも通り父は仙台駅まで私と弟を送ってきたが、汽車が出る時、ブスッとした顔で、

「じゃあ」

といっただけで、格別のお言葉はなかった。

ところが、東京へ帰ったら、祖母が「お父さんから手紙が来てるよ」というのである。巻紙に筆で、いつもより改まった文面で、しっかり勉強するようにと書いてあった。終りの方にこれだけは今でも覚えているのだが、「此の度は格別の御働き」という一行があり、そこだけ朱筆で傍線が引かれてあった。

それが父の詫び状であった。

身体髪膚

ほんのかすり傷だが久しぶりに怪我をした。

玄関の三和土《たたき》に小銭を落し、拾い上げて立ち上った拍子にドアの把手《とって》に頭をぶつけたのだ。左のこめかみに、三センチほどの臙脂《えんじ》の毛糸を貼りつけたような傷が残り、十日ばかり目を伏せて歩いた。

四十年前に、私は同じ場所を切っている。

小学校へ上ったばかりの、冬の夕方だった。うち中揃ってお出掛けというので、私ははしゃいでいた。お出掛けといったところで、せいぜいお手軽な洋食にプリンを食べて帰りに玩具を買ってもらう程度なのだが、よそゆきの服を着られるのも嬉しかった。一人だけ先に身支度を終え、玄関にうち中のはきものをならべた。天井の高い玄関には、鈴蘭形の黄色い門灯がひとつついていた。

おろしたての靴下止めがきついので、上りかまちに坐り、父の大きな靴の中へ足を入れて直した。赤い幅広のゴムに黄色い筋が二本入り、茶色の皮がついていた。父の靴の隣りは母の草履で、分厚いコルクの上に畳表がのっていた。玄関の正面には帽子掛けがあり、私のグレイのフェルトに紫色のリボンの帽子と、弟の黒い帽子、父の中折れがならんでいた。手が届かないので私は何度も飛び上り、帽子を取ろうとした。やっと手が届いたと思った途端、帽子掛けがはずれて落ち、私の目尻を切った。

それからあとは全く記憶にない。

別に気絶したわけではなく、覚えていないのである。こういう場合、父は逆上するたちなので、恐らく母をどなり祖母に八つ当りして、私を医者にかつぎ込み、その夜のお出掛けは滅茶苦茶になったに違いないのだが、いま残っているのは、帽子掛けが落ちるまでの妙に鮮明な記憶と、人差指の腹にかすかにさわる左目尻の小さな傷だけである。

私は飛び上って怪我をしたのだが、二つ違いの弟は、墜落して同じところに傷をつくっている。

弟が五つになった時、父は庭に池をこしらえた。父親の名前も顔も知らないで育ち、他人の家を転々として大きくなった父は、初めての男の子に、自分で釣った鯉や鮒の泳ぐ池を見せてやりたかったのだろう。

場所も、弟が縁側に坐ったまま眺められるように、鉤《かぎ》の手になった縁側のそばであった。父は汗みどろになってシャベルを振るい、かなり大きな穴を掘りセメントで固めた。形も凝っていて、自然の池らしくジグザグになっていた。縁のところには小さなセメントの築山《つきやま》もこしらえた。手仕事は全く不器用な人だったから、今考えれば随分と不細工な池だったと思うが、笑ったりしたら大変なことになるのは判っていたから、母も祖母も、出入りの人達もひたすら感心して誉《ほ》めそやしていた記憶がある。

ところが、セメントがやっと乾き水を張った途端に、縁側で見物していた弟が落ちて、池の縁のセメントで大きなこぶをつくってしまったのである。

中に何が詰っていたのか知らないが弟は頭でっかちで、その頃の写真を見ると、着物に白いエプロンをした弟は、福助足袋《たび》の見本のような顔で嬉しそうに縁側に坐っている。グラリと前へのめって当然といった按配《あんばい》である。

墜落直後の阿鼻《あび》叫喚《きようかん》の騒ぎはこれまた記憶にないのだが、夜中にご不浄に起きた時のことははっきり覚えている。

客間には煌々《こうこう》と明りがつき、弟が客布団に寝かされている。そのおでこには大きな馬肉がのっかっている。馬肉は熱を取り腫《は》れを除くというので、取り寄せたらしい。枕もとで、腕組みした父がこの世の終りといった思いつめた顔で坐っていた。

足音をしのばせて二階に上ると、祖母が笑いをこらえながら、仏壇の前でお経を上げていた。金と桃色の濃淡の蓮華《れんげ》の形をして、アコーディオンのようになった経本だった。池は怒り狂った父がその夜のうちに埋めてしまった。今でも馬刺やサクラ鍋を食べると、「お父さんの池」を思い出すことがある。晩年は肥《ふと》ってしまったが、池を掘った頃の父は痩せていた。青筋を立ててセメントをこわしていた父の細くて白い脛《すね》と、弟のおでこにのっていた分厚い馬肉が目の前にチラチラする。馬肉は体が暖まるというのは、本当である。

うちは四人きょうだいだが、怪我にも連鎖反応があるのか、末の妹も顔に小さな傷をしたことがあった。

祖母が亡くなってすぐの法事の時だったと思う。幼い妹が坊さんのお経をおかしがって笑ったりするので、キャラメルをあてがわれ、庭でひとりで遊んでいた。

ちょうどこの日、庭師が入り、築山の松の木の手入れをしていたのだが、妹が脚立《きゃたつ》に寄りかかったのか、庭師が上から植木鋏を落してしまい、妹の目尻をかすめたのである。

妹の泣き声で、親戚一同が総立ちになった。

「大変だ！　和子が目をやられたぞ！」

仁王立ちになって叫ぶ父を突き飛ばすように、母が足袋はだしで飛び出し、妹を横抱きにすると、物もいわずに隣りの外科医院に駆け込んだ。幸い傷は大したこともなく、今はあとかたもないが、大体において一朝事ある場合、父は棒立ちでやや大袈裟《おおげさ》に呼ばわるだけだが、母は考えたり迷ったりするより先に体の方が動いているところがあった。父と母の、男と女の違いなのだろうか。

こと体の動きにかけては、いつも母におくれをとっていた父だが、一回だけ子供の為に駆け出してくれたことがある。

私は女学校は四国の高松県立第一高女だが、入学した直後、父の転勤で、一学期の終りに東京の目黒高女の編入試験を受ける羽目になった。

試験日が盲腸手術の直後とぶつかってしまい、体操は免除して戴くようお願いをしていた。

試験の朝早く、母は隣りで寝ている父が、脂汗をかきひどくうなされているのに気づいて、揺り起した。父は私の編入試験の夢を見ていた。あれほど頼んだのに、私は体操が免除にならず、走ってみなさいといわれている。父は飛び出して、

「この子は病み上りだから、代りに走らせてもらいたい」

と願い出て、編入試験を受けるほかの女学生の中にただ一人まじって、スタートラインに立ったという。ピストルが鳴って走り出したのだ。が、足に根が生えたのかどう焦っても足が前に進まない。七転八倒しているところを母に起されたというのである。

このことは、私がどうにか編入試験にパスした合格祝いの食卓で、母から聞かされた。

「お前が合格したのはお父さんのおかげよ」

お赤飯をよそいながら母が感動した面持でいうと、

「いいお父さんを持って邦子はしあわせだねえ」

祖母まで調子を合せ、父に見えないように箸箱で私のお尻を突っついて、

「有難うございますはどうしたの」

小声で催促をする。

夢の中で駆け出さなくてもいいから、その分拳骨や口吐言《こごと》を減らして欲しいと思ったが、口に出していえば、それこそ拳骨が飛んでくる。理屈に合わないはなしのような気もしたが、畳に手をつき、お櫃《ひつ》の脇に頭を下げた。笑い上戸の弟は福助頭をふるわせて笑いをこらえていた。

父は昔の人間としては体も大きく、野球やピンポンは子供たちが束になってかかってもかなわなかったが自転車だけは駄目だった。関東大震災の時、逃げる時は友人の自転車を借りて逃げたが、返す段になったらどうしても乗れない。仕方がないので一日がかりでかついで返しに行ったという人である。

自分が不得手だったせいか、女の子が自転車に乗ることをひどく嫌った。

「あれは女が乗るものじゃない。どうしても乗りたいのなら自動車か馬に乗れ」

三十年も前のはなしだから、自家用車も乗馬も夢物語である。妹達は隠れて乗っていたらしいが、長女の私は、

「乗っているのを見つけたら、その場で引きずりおろすからそう思いなさい」

というのを真にうけて、いまだに自転車は駄目である。

ところが、就職していた頃、サイクリングが流行り始め、社員の有志で行くことになった。私はお節介なたちで、口数も多いところから、幹事ということになったのだが、計画を立て日取りも決めたところで気がついた。自分が自転車に乗れないことをケロリと忘れていたのである。

効能書をのべたてた手前引っこみがつかないので、当日の天候とか事故の心配をいいつのり、プランを潰そうとしたが、うまくゆかず、結局、事の次第を白状して取りやめにしてもらった。それからしばらく、自転車ということばが出ると、一同私の顔を見てクスクス笑いをしているようだった。

父の目がうるさかったので、自転車のサドルに腰をおろしたことはないが、荷台に乗せてもらったことは二、三度ある。盲腸の手術をして退院したすぐあとのことだった。

体力が充分でないせいか、歩くとフラフラする。編入試験にも合格したことだし、今日ぐらいはみつかっても大丈夫だろうと、仲のいいクラスメートのうしろにしがみつい

て走り出した。祐天寺の近くの通りを突っ切るところで、兵隊さんの行進にさえぎられた。今はデモ隊だが、当時は「そこのけそこのけ兵隊さんが通る」である。汗臭いカーキ色の隊列を見ている私の右隣りに兎を積んだリヤカーが同じように待っていた。荷台に大きな籠をのせ、上から目の細かい網をかぶせて逃げないようにしてあるのだが、網目の間から白い兎の耳が出ている。

私は町なかの生れ育ちで、間近に兎を見るのは初めてだったから、手を出して兎の耳をつかんでみた。その時、兵隊さんの隊列が途絶えたのだろう、リヤカーがぐんと大きく前へ進んだ。はずみで網目からすり抜けた兎が一匹、私の手に残ってしまったのである。

大暴れする兎を片手でブラ下げて、私達はあわてて後を追ったのだが、なにせ中古のガタガタ自転車である。リヤカーとの距離は開くばかりで、通行人の協力でやっと追いついた時は、へとへとになっていた。しかもリヤカーの主は、ひどくうさん臭い目で私達を見るのである。

私達は、ただ兎の耳をつかんだだけなのだが、人だかりはするし、半端な感じで謝って兎を返した。絵や写真でみる兎は、真白で、フカフカして小綺麗なやさしい動物だが、ブラ下げてみるとそうはゆかない。

かなり持ち重りがするし、力も強く、気も荒い。そして、フンワリと想像していた毛は、ゴワゴワしていた。今覚えているのは、兎の耳が少し冷たかったことと、あの時、兎はなき声を立てなかったな、ということだ。

兎を返して一息ついた時、私はおなかに違和感を感じた。さっき、兎をブラ下げてリヤカーを追いかけた時、右のおなかでプツンとなにかが切れたような感じがあったからである。

電信柱のかげでそっと調べてみたら、盲腸の手術跡の真中あたりが一センチほど弾けて、透明な水のようなものがしみ出ていた。

大変なことになった、と思ったが、うちには黙っていた。そっと母の目を盗んでマーキュロをつけ、不安な二、三日を過したが、そのうちくっついてしまった。

いまは肌色のクレヨンで、スウッとこすったようになっているが、真中へんのクレヨンの勢いがいいのは、三十五年前のあの日の、兎の耳をつかんだ罰なのである。

耳といえば、こんなこともあった。小学校六年の夏は、四国の高松にいた。海水浴から帰ったところ右の耳がさっぱりしない。水が残っているのである。このとき、少女雑誌の附録で、耳に水が入った時は、豆を入れると水を吸う、と書いてあったのを見た。

荒神様の神棚を探したら、隅に節分の大豆の煎《い》ったのが転がっていたので、耳の中に一つ押し込んで様子を見た。確かに水を吸ったらしく、さっきまでは頭を叩くと、プカンプカンと西瓜《すいか》のような音がしていたのに、今度はまさしく自分の頭になった。

ところが、今度は水を吸った大豆が出なくなってしまった。楊子で突ついても、右を下にして飛んでも駄目である。私は、右の耳の豆から芽が出て、巨大なジャックと豆の木に育ってゆく絵を、眠れない夜の暗い天井に描いておびえていた。

結局、次の朝母に白状して、直ちに耳鼻科に引っぱってゆかれ、ピンセットでつまみ出して戴いた。白くふやけた豆は、記念に取っておいたのだがいつとはなしにどこかへなくしてしまった。


桜が散ると、グリーンピースやそら豆がおいしくなる。

豆の莢《さや》をむくと、中に三つ、四つ、豆がならんで入っている。三つなら三つ、四つなら四つが同じ大きさに粒が揃い虫食いがないと、しあわせな気分になる。

端のひとつが、やせてミソッカスだと、末っ子まで養分がまわりかねたのかな、と哀れになる。この程度の虫食いなら食べられそうな気もするし、気前よく捨てたい気もするし——豆をむくのもたのしみ半分気骨の折れる仕事である。

莢がはじけると、一つ莢の豆はバラバラになる。うちの四人姉弟も、今は別々に暮しているがたまに四人の顔があうと、子供の頃のはなしになる。

身体髪膚《はっぷ》之ヲ父母ニ受ク、

敢テ毀傷《きしよう》セザルハ孝ノ始メナリ

父も母も、傷ひとつなく育てようと随分細かく気を配ってくれた。それでも、子供は思いもかけないところで、すりむいたりこぶをつくったりした。いたずら小僧に算盤《そろばん》で殴られて、四ツ玉の形にへこんでいた弟の頭も、母の着物に赤いしみをつけてしまった妹の目尻も、いまは思い出のほかには、何も残っていないのである。

隣りの神様

生れて初めて喪服を作った。

あまり大きな声でいいたくないのだが、私は四十八歳である。キチンとしたところに勤めるなり、人並みに結婚をするなり、人生の表街道を歩いていれば、冠婚葬祭も自然と多くなり、夏冬の喪服の二枚や三枚あって当り前の年であろう。どういうめぐり合せか売れ残り、おまけにテレビの台本書きというやくざな稼業についたことも手伝って、いつも有合せでごまかしてきた。学校を出て就職した時、

「月給を貰ったら、まず祝儀不祝儀に着て行く服を整えるように」

と父にいわれたのだが、当時私は若い癖に黒に凝り、色の黒さも手伝ったのだろう、「黒ちゃん」と呼ばれていた。一年中を黒のスカートに黒のセーターやブラウスで通し、祝儀不祝儀の際も、

「黒ちゃんはそのままでいいよ」

と大目に見ていただいていたこともあって、スキー用のウインド・ヤッケやゴルフ靴が先になり、今年こそ来年必ずとお題目に唱えながら、二十五年がたってしまったのである。

「少女老イ易ク喪服作リ難シ」

では詩にもならない。

第一、不祝儀のたびに洋服簞笥《だんす》や抽斗《ひきだし》を引っかき廻し、お通夜や葬儀の際もなるべく人目に立たないように気を遣う肩身の狭さにもくたびれてきた。

そんなこんなで、半年前に喪服用のツー・ピースを誂《あつら》えたのである。ところが、注文した途端に、母の心臓の具合がおかしくなった。

「それ見たことか」

自分の中で自分を威《おど》す気持もあって、いっそ取りやめにしようかと迷ったのだが、友人のデザイナーが、私の気持を見透かしたのか、

「喪服を作ると思わないで、黒い服を作ると思うのよ。私はいつもお客さまにそう申し上げている」

という。

職業柄とはいえ、細やかな心遣いをするものだと感心をして仕事をつづけてもらった。

幸い母の病気は大したこともなく治まり、喪服は仕立て上って私の手許に届いた。鏡の前で試着して出来ばえに気をよくしながら、私はドキンとした。長靴を買って貰った子供が雨の日を待つように、私も気持のどこかで、早くこの喪服を着てみたいとウズウズしているのである。嫌なところが父に似たものだと思った。

父はせっかちというか、こらえ性のない人であった。買ったものはすぐ使いたい、貰ったものはすぐに見たいのである。来客があって手土産を頂戴する。父はもう中を見たくてウズウズしている。一応は客と一緒に客間へゆき、勿体ぶって時候の挨拶などしているが、必ず口実をつくって茶の間をのぞきにくる。毎度のことで子供たちも成行きが判っているから、四人姉弟が雁首《がんくび》を揃えて食卓のまわりに坐っている。

「お土産が気になって寝られないんだろう。しようのない奴らだなあ」

不承不承といった感じで、気ぜわしく羽織を着替えたり酒肴《しゅこう》の支度をしている母を呼び立て、

「早く見せてやりなさい」

自分は悠然と敷島の袋から一本抜き、口にくわえて火をつける。

母は仕事の丹念な人である。菠薐草《ほうれんそう》一把《わ》洗うのでも、一本一本根本の赤いところから洗い上げ、キチンと揃えて笊《ざる》にならべないと気のすまないというたちである。こういう場合でも、ゆっくりと紐をほどき、ほどいた紐を二つに折り、或いはくるくると手に巻きつけて始末する。次に自分の髪からピンを抜き、じれったくなる位丁寧に包み紙をはがすのである。

母にしてみれば、丁寧にあければ、万一蒸し返す時に便利だと思うのだろうが、癇癪《かんしやく》持ちの父は、もうこのあたりで、こめかみに青筋を立て、あぐらを組んだ足はいつも貧乏ゆすりをしていた。

子供心に、どうしてこんなに性格の違うのが夫婦になったのかと思っていたのだが、私はどうやら父親似らしく、結婚式やパーティなどで引出物を戴くと、もう一刻も早く中を改めたくて我慢が出来ない。大抵の場合、会場から乗ったタクシーが走り出した途端、包み紙を破いて開いてしまう。いつぞやも、早速、引出物の花瓶を取り出し眺めていたら、信号待ちで並んだ隣りの車の中で、同じ花瓶を手にしていた初老の紳士がおいでになった。

我ながら浅ましいと思い、その次に招《よ》ばれた結婚式の時は、どんなことがあっても家へ帰るまでは引出物は見まいと心に誓ったのだが、芝のプリンス・ホテルから六本木まで我慢をしたら、ご不浄をこらえている時のように鳥肌が立ってきた。これでは体に悪いと思い、結局開いてしまった。

長靴や引出物ならまだいいが、喪服ともなると問題である。早く着たいということは、人知り合いの不幸を待つのと同じではないか。そんなにまで新調の衣裳を着たいのか、人に見せびらかしたいのか。女とは何と度しがたい業を持っているのだろうと思った。

そういえば、葬儀の時に、小さなことだが気持にひっかかることがある。

遺族の、それも、亡くなった人に近い女性がいま美容院から帰りましたという風に、髪をセットして居並んでいると、焼香をしながら、胸の隅に冷えるものがある。

死を嘆き悲しむ気持と、美容院の鏡の前でピン・カールをしたりドライヤーに入ったりする動作と時間は、私の中でどうしてもひとつに融け合わないのである。

だが、人のことはいえない。

私は、新内を聴く小さな集まりにこの服を着て顔を出し、自分の気持にケリをつけた。初秋にしては肌寒い雨の晩で、横なぐりに降る雨が新調の喪服を濡らした。

暮も押し詰った十二月の、たしか朝の九時頃だった。

放送作家の先輩城悠輔さんから電話があった。こんな時間におかしいな、と思いながら人づきあいのいい城さんのことだから、何か楽しい仲間うちの集まりのお招きかなとも思い、「お元気ですか」とつい弾んだ声を出してしまったのだが、受話器の向うの声は重く沈んでいた。

「津瀬宏がゆうべ亡くなりました」

不慮の事故による急逝であった。

私は、しっぺ返しをされたような気がした。

津瀬さんは私より二歳年上で同業の先輩である。十二、三年ほど前の一時期、私はこの方とラジオ番組をご一緒したことがあった。男らしいなかに細やかなところがあり、新米の私はよく引き廻して頂いた。プロデューサーもまじえて、新宿でお酒をご馳走になったことも何度かある。

私は津瀬さんの描く「戦中派のお父さんの世界」が好きだった。夕方、タクシーに乗ると、津瀬さんの書いている「小沢昭一の小沢昭一的こころ」にダイヤルを合せてくれるように運転手さんに頼むこともあった。

私は四十年にわたって、欠点の多い父の姿を娘の目で眺めてきた。

津瀬さんはご自分の体験も織りまぜて、向う側から、私の反対側から父親というものを描いてみせて下さった。

娘には判らなかった父親の気持が、さりげない謎解きの形でちりばめられていた。

私がラジオからテレビにくら替えしたこともあって、すっかりご無沙汰になってしまったが、一度そんな話でもしながら、昔行った新宿の花園街でもご一緒したいなあ、と考えていただけに、葬儀の日取りを伺って電話を切ったあとも、しばらくは仕事が手につかず、ソファに坐ってぼんやりしていた。

新しい喪服を洋服箪笥に仕舞う時、出来たらこれを着てゆく一番はじめの不祝儀は天寿を全うされた方か、あまり縁の深くない儀礼的な葬儀であって欲しいと思っていた。まさか、頼もしい兄貴分と思っていた津瀬さんの葬儀に着てゆく羽目になるとは思わなかった。申しわけないような、やり切れない気持だった。

翌日が告別式だったが、この日も雨であった。

神楽坂のお寺には、雨に濡れた黒い傘と黒い喪服の長い列がつづいた。焼香の列に並びながら、私は、津瀬さんの菩提寺なのであろうこの禅宗のお寺が、モダーンなコンクリート造りなのが少しばかりさびしかった。祭壇の飾られた六角形の禅堂の中から弔詞を読む小沢昭一さんの声が流れてくる。それを聞きながら、津瀬さんの作品を思い出していた。

妻の留守に父親が子供のおむつを取り替えなくてはならない羽目になる。赤んぼうは女の子で、父親は、我が子ながら、そのことにも当惑している。それに肝心の替えのおむつが見当らない。

「靴下では小さすぎる。

ハンカチでもまだ小さい。

テーブル・クロスでは大きすぎる」

十何年も前の、たった一度聞いたラジオ番組なのに、私は不思議にここのところだけはっきりと覚えている。豪快な笑いと飲みっぷりで、梯子《はしご》酒をしていた津瀬さんのもうひとつの顔が、テレ屋でやさしい父親の姿が見えてきた。

四人の子供のおむつをただの一度も取り替えたことがなかったという私の父。そういえば、末の妹が生れてすぐだから、私が小学校三年の時だろうか、父が顔をしかめながら、汚れたおむつの端を指先にひっかけて湯殿の方へ歩いてゆく姿を見た覚えがある。恐らく父は、あのあと、盛大にシャボンの泡を立てて手を洗ったに違いない。そういえば、手を拭《ふ》くタオルもお父さんだけは別だった――。

不意に境内に魚を焼く匂いが流れてきた。アジの開きかなにからしい。昼過ぎの、時分どきなのだから仕方がないとはいえ、しめやかな読経や弔詞にはやはり似つかわしくない。困ったなと思ったが、ふと思い返す気になった。津瀬さんは、許すだろう。コンクリートの禅堂も、お寺の隣りから流れるアジの開きを焼く匂いも、みんなあの独特の笑いで許してくれるだろう。そして、こういう情景を一番みごとに描けるのは、私などではなく、津瀬さん本人であることにも気がついた。

祭壇の上の津瀬さんの写真は、黒いリボンに囲まれて真面目な顔をしていた。その横の、美しい夫人とならんで、あの日の、赤んぼうのモデルであったに違いないお嬢さんが、みごとに成人されてならんでいた。

私の父は、六十四歳で心不全で死んだ。いつも通り勤めから帰り、ウイスキーを飲み、プロレスを見て床に入り、夜中の二時頃、ほとんど苦しみもなく意識が無くなり、私が仕事場から駆けつけた時は、まだぬくもりはあったが息はなかった。

救急隊の人が引き上げたあと、家族四人が父のまわりに坐った。誰も口を利かず、涙も出なかった。弟が母にいった。

「顔に布を掛けた方がいいよ」

母は、フラフラと立つと、手拭《てぬぐ》いを持ってきて、父の顔を覆った。それは豆絞りの手拭いであった。母の顔を見たが、母の目は、何も見ていなかった。弟は黙ってポケットから白いハンカチを出し、豆絞りと取り替えた。

母はそのことを覚えていないようであったが、葬儀が終り、一段落した時そのはなしをするとさすがにしょげていた。

「お父さんが生きていたら、怒ったねえ。お母さんきっと撲《ぶ》たれたよ」

笑いながら大粒の涙をこぼした。

子供の欲目かも知れないが、母も人並み以上に行き届いた人だと思う。だが、父があまりにも癇癪もちで口うるさいので、叱られまいと緊張するのだろう、ここ一番という時に限ってよくしくじりをした。

お正月の支度を手落ちなく整え、一家揃ってお雑煮を祝おうという時に、ちょっとしたものを取ろうと踏台に乗り、手にしたものを取り落して金屛風《びょうぶ》に穴をあけ、元日早々父にどなられるといった按配である。

息を引き取った父の顔にかけた豆絞りの手拭いもそのたぐいの失敗であろう。若い時は、お母さんも気が利かないなと思っていた。だが、この頃になって気がついた。父は、母のこういう所を愛していたのだ。

「お前は全く馬鹿だ」

口汚くののしり、手を上げながら、父は母がいなくては何も出来ないことを誰よりも知っていた。

暗い不幸な生い立ち、ひがみっぽい性格。人の長所を見る前に欠点が目につく父にとって、時々、間の抜けた失敗をしでかして、自分を十二分に怒らせてくれる母は、何よりの緩和剤になっていたのではないだろうか。

「お母さんに当れば、その分会社の人が叱られなくてすむからね」

と母はいっていた。

思い出はあまりに完璧《かんぺき》なものより、多少間が抜けた人間臭い方がなつかしい。津瀬さんの葬儀に漂ってきたアジの開きを焼く匂いは、臨終の父の顔にのっていた豆絞りの手拭いと共に、忘れられないものになりそうである。

私の住まいは青山のマンションだが、すぐ隣りはお稲荷さんの社《やしろ》である。大松稲荷と名前は大きいが、小ぢんまりしたおやしろで、鳥居の横にあまり栄養のよくない中位の松がある。

七年前、マンションに入居した最初の晩に、お隣りさんでもあることだし、ご挨拶をして置こうと、通りかかったついでに鳥居をくぐったのだが、小さな拝殿のすぐ横が、社務所になっていて、取り込み忘れた股引《ももひ》きが、白く突っぱって木枯しに揺れていた。よく見ると、股引きの下っているビニールのひもが、キツネのしっぽと賽銭《さいせん》箱の間に張ってあるのである。これでは、お稲荷さんを拝むのか股引きを拝むのか判らなくなってしまう。興ざめして、出したお賽銭を引っこめて帰ってきた。

はじめに「そびれる」と、どうもそのあとはその気分が尾を引いてしまう。それと、神様や仏様というのは、自分の住まいと離れて、少し遠い方が有難味が湧く。すぐ隣りが神様というのは御利益がうすいような気がして、つい失礼を重ねてきた。

ところが、つい先だって通りかかると、初老の男性が、鳥居に寄りかかって靴を脱ぎハダシになり、ポケットからセロハンに包んだ黒い靴下を取り出し、正札を取ってはき替えている。黒い背広で喪章をつけていた。茶の縞《しま》模様の靴下をポケットに仕舞い、拝殿にちょっと頭を下げて出て行った。これから葬儀に行くのだ。

私は、何となく素直な気持になり、十円玉をひとつほうって、頭を下げた。隣りの神様を拝むのに、七年かかってしまった。

記念写真

写真は撮るのもむつかしいが撮られるのはもっとむつかしい。

「自然な顔で笑って下さい」

といわれただけで不自然な顔になり、こわばった笑いが印画紙に残ってしまう。カメラに媚《こ》びている自分にふと嫌気がさし、口許は笑っているのに目はムッとしていたりという奇怪なことになったりする。特に何人か一緒に記念写真を撮る時に、同じ間《ま》で自然に微笑するというのは至難のことに思える。

こういうことは素人だけで、プロの俳優には無縁のことかと思っていたがそうでもないらしく、この間面白い光景に出くわした。

この十一月から「せい子宙太郎」というテレビドラマの脚本を書くことになり、ポスター撮影に立ち会ったのだが、主役の森光子・小林桂樹・加藤治子などの皆さんが、カメラマンの合図にしたがって、シャッターを押すごとに一斉に楽しそうに笑うのである。

そのタイミングのよさといったらない。スタジオの隅で感心しながら眺めているうちに、仕掛けが判った。これも主役の武田鉄矢君が音頭を取っていたのである。

「はいお願いします」

とカメラマンが合図すると、武田君は、

「日暮里！」

と叫ぶ。

一同がどっと笑う。

「もう一枚」

「上野！」

どっと笑う。

「御徒町」

「鶯谷」

国電の駅名を連呼しながら皆をタイミングよく笑わせていたのである。

なるほど、こういう手もあったのかと感心したが、簡単そうに見えて、ひと声で全員を吹き出させるパーソナリティは、やはり選ばれた人のものであろう。私ごときが、いきなり、

「秋葉原！」

と叫んでも、一同あっけに取られるのがオチで、とてもああ楽しそうに笑ってはいただけないであろう。

近頃は、記念写真ひとつにしても、肩を組んだり微笑んだりで自然な表情をよしとするが、昔は笑ったりするとひどく叱られたものだった。

いま手許に、小学校五年生の時に鹿児島の平之町の家で写した記念写真が残っているが、家族七人が大まじめな顔で並んでいる。

明日は写真屋さんが来るとなると、前の日に子供たちは床屋へ行かされた。当日は朝早く起き——別に、早起きしなくてもいいのだが、興奮して寝ていられないのである。玄関に靴をならべて何べんも磨いたり、前の晩から母が用意してくれたよそゆきの洋服をさわったりしてはしゃいでいる。私は、二、三日前から鼻の頭におできが出来、写真を写す日が近づいているのに一向に治らない。気にして掻いたのが余計に障ったらしく赤く腫れていた。水で冷やしたり何度も鏡をのぞいてベソをかいていたら、父に、

「お前の鼻を写すんじゃない」

とどなられた。母が、

「今日だけは怒らないで下さいな。どなると（子供たちの）顔に出ますから」

と頼んでいる。

「オレがいつ怒った。何いってんだ」

ともう怒ったりしている。

興奮して走り廻っていた五歳の妹が、玄関前の石段から墜落して膝小僧を擦りむいて泣いている。

「お父さんに内緒で、鼻のおできを修整して下さるように写真屋さんに頼んであげるから」

と母にいわれてほっとした頃、写真屋さんが助手を連れて到着した。

鹿児島は冬でも暖かいので、庭で写すことになり、応接間の椅子を二脚運び出して父と祖母が坐り、父の隣りは弟、祖母の隣りには私と妹、うしろに末の妹を抱いた母が立つという構図に決ったが、もうこの頃からおかしくて仕方がない。

大の大人が正月の獅子舞いじゃあるまいし表が黒で裏地が真赤の布をかぶり、鼻の頭に汗を掻いて出たり入ったりしているのがまずおかしい。銀色の玉子焼器のようなものを高く掲げ、ポンと鳴って白い煙が出ることを考えただけで体が震えてくる。

紋付袴に威儀を正した父が、鼻の下のひげを直している。祖母は袂から鼻紙を出して大きな音を立てて鼻をかんだ。

昔の人はみなそうだったのか、それとも私のうちの人間だけだったのか知らないが、一度鼻をかんでも決して捨てるような真似はせず、袂に仕舞ってカパカパにかわいたのを折り直して使ったりしていた。

笑い上戸の弟が吹き出した。

「男のくせに何がおかしい。馬鹿!」

父がどなり、その直後にマグネシウムが光って、わが家の修羅場は一巻の終りとなったのだが、茶色に変色した写真を見ると、金ボタンの学童服に黒皮の編上靴の弟は、小さな拳骨を握りしめ、体中で笑いをこらえて写っている。もっとよく見ていると、家族七人のうしろに、写ってはいない桜島の姿が見えてくる。裏山に生い茂り、大風の日に雨戸を叩いて落ちてきた夏みかんや枇杷《びわ》の匂いがしてくるのである。

私は終戦間もない時期に実践女子専門学校の国語科を卒業したのだが、この卒業式に写した記念写真におかしな一枚がある。

校門の前に一人で立って写したものだが、足許に十円札が落ちている。新円切り換えの時に作られた進駐軍の軍票のような、二つに千切って映画館に入りたくなるような安っぽい紙幣であった。どうして、そんなものが落ちていたのか見当もつかないのだが、兎に角クシャクシャになったそれが足許に落ちており、袴をはき、卒業証書を手にした私は、明らかに横目を使って十円札を見ている。卒業式の喜びや厳粛さもないことはないが、それよりも十円札が気になって仕方がないといった風である。人生のスタートに於て早くも志の低い本性はあらわれているのである。

結婚式のあと、親戚一同並んで記念写真を写すが、その中に一人、縁もゆかりもないアカの他人がまじっていたということがあった。友人の娘さんの結婚式の出来ごとだが、人品いやしからざるご老体が最後列の中央に胸を張って写っている。花婿側は花嫁の親戚と思い、花嫁側は花婿側と思っていたが、誰にたずねても心当りがないということになった。

「新郎新婦の過去に関係のある人物ではないかしら。例えばご落胤とか……」

持ち前の好奇心を丸出しにしてこういったりしたが、ご両家とも一点のかげりもない、つまらなくなるほど品行方正学術優等のお家柄で、どこを突ついても何にも出てこないのである。

結局、このお人は、どこか別の結婚式に来た人が記念撮影の時だけ間違えてまぎれ込んでしまったのだろうということで落着いた。

そんな馬鹿なことが、といいかけて、私は二十年前の祖父のことを思い出した。

母方の祖父は建具師であった。

上州屋を名乗り、戦前はかなり羽振りのよかった時期もあったようだが、他人の請判《うけはん》をしたのがつまずきのはじまりで、私が物心ついた時は、麻布市兵衛町の小さなしもた屋で、たまに注文のある料亭の建具やこたつやぐらなどの手間仕事をして暮していた。

麻布三聯隊の勇士で、旅順総攻撃で戦傷を受けたはなしは何度聞いても面白かった。

滅多に口を利かない頑固者だったが、
新兵サンハカワイソーダネ
マタ寝テ泣クノカネ
と消灯ラッパの口真似を聞かせたり、辰野隆《ゆたか》氏の父君金吾博士のもとで、旧東京駅の建具を一手に引き受けた全盛時代の話になると別人のように目が輝いた。志ん生の落語が大好きで、面差しも志ん生によく似ていた。私は一時期、このうちに居候をしたことがあったが、ある時、毎日ホールで志ん生の落語の会があるのを知り、早速手に入れて祖父に進呈をした。

その日祖父は早めに風呂にゆき、好物の甘納豆を風呂敷包みにして腰にゆわえ出かけて行った。まだ東京のあちこちに焼けあとが残っていた頃のはなしである。

夜遅く、祖父は帰ってきたが、一言も口を利かないのである。口は重いが、昔気質《かたぎ》の職人で焼芋ひとつにも、

「ありがとうよ」

首に巻いた手拭いをとってキチンと礼をいう人だったから、少し気になった。

「どうだった」

とたずねると、

「ああいうのはわかんねえな」

そっぽを向いて、たばこばかり喫《す》っている。

「志ん生、新作をやったの」

重ねて聞くと、

「志ん生なんぞ出やしねえ」

どうも様子がおかしいので問いつめると、祖父は読売ホールでヴァイオリンの独奏を聞いてきたらしい。有楽町で道に迷い、通行人に切符を示してたずねたところ、毎日ホールと読売ホールを間違えて教えられたと判った。

「髪を長く垂らした若い女が、親の仇討ちみてえな顔でやってンだ。途中で出られるかい」

甘納豆も遠慮して二時間辛抱したというのだが、話の様子では巌本真理女史のようであった。実は先日、雑誌の仕事で巌本女史にお目にかかる機会があり、三十年前のこのはなしを申し上げようかと思ったのだが、女史の端正な横顔を見ていると、とてもこういう下世話な話を切り出す度胸はなく、そのまま帰ってきた。

記念写真の間違いといい、会場を間違えて入ったことといい、老人だからこそ出来る芸当であろう。若い者ではこうはいかない。

それにしても、この祖父、名前は岡野梅三といったが、私と一緒に写した写真は一枚もない。残念なことをしたと思っている。

小学校五年の時に、鹿児島から四国の高松に転校をした。

父の仕事の関係で、小学校だけで四回も変っているから子供のくせに旅馴れたところがあった。親にいわれたとおり、級友や職員室へ行って最後のあいさつをすませ帰ろうとすると、担任の先生が私を呼びとめた。用があるから、待っていなさいといわれるのである。

K先生は、師範を出たばかりの男の先生である。

種子島《たねがしま》出身で、色白の端正なマスクをしておられた。生まじめな理想家肌で、日頃はすぐ人をそしる父も賞《ほ》めていた。私は、一人で人気《ひとけ》のない教室に坐っていた。

校庭の中央に、二本ならんで立っている大きな楠も今日で見納めである。小使さんが奉安殿の草むしりをしていた。

K先生が入ってこられた。

身丈の合わない背広を着ている。親友のU先生のを借りたのかな、とふと思った。先生は、

「お別れに写真を写そう」

といわれると、先に立って校門を出てゆく。私は少し遅れてあとからついていった。

「三歩退《さが》って師のかげを踏まず」

というが、あれは本当である。私の場合も、ごく自然にそういう形になった。

町の小さな写真館に入り、先生と私はならんで写真を撮った。フラッシュが光る少し前、先生は、私の肩に手を置いた。

そこだけぬるいアイロンを当てたように温かくなった。今までは、おかしくて、どう我慢しても吹き出していた写真屋さんの黒い布も、玉子焼器みたいな銀色の機械から光る白い閃光《せんこう》もこの時は少しもおかしくなかった。

十二歳の私は、色の浅黒いやせて目ばかり大きい女の子である。K先生に肩を抱かれて困ったような顔をしている。子供がはじめてお酒を飲んで酔った時のようにも見える。これが、私の人生で家族以外の男性と初めて写した記念写真であった。

K先生には、このあとご無沙汰を重ねていたが、つい先年三十年ぶりで再会をした。出征をされ、種子島出身者は沖縄へ駆り出されて大半が戦死した、と聞いていたので、昔の級友の骨折りで消息がわかった時はびっくりした。

鹿児島の小学校を校長で停年退職をされ、いまも教育関係の仕事にたずさわっておられるが、娘さんの嫁ぎ先へ上京された時にお目にかかった。

おたずねした近郊の団地の一室で、若き日のK先生に面差しのよく似た若奥さんが赤ちゃんを抱いて迎えて下すった。

小半日、K先生はかれこれ四十人はいた教え子の消息を私に話して下さった。空襲で亡くなった人も何人かいた。黒かった先生の髪は白くなっていたが、かすかな鹿児島なまりと声は変っていなかった。三十年前の鹿児島の町がよみがえってきた。

学校のそばの枝元という大きな醬油問屋。

野上《のがん》どんと呼んでいた大きな西洋館の邸宅。天文館通りのにぎわい。フランシスコ・ザビエル教会の静かなたたずまい。

私は、バッグの中に小型カメラを入れていた。鹿児島時代をなつかしむ母に、K先生の写真を見せたいと思ったからである。

だが先生は、忘れておいでなのかどうか、三十数年前に私と写した写真のことは到頭ひとこともおっしゃらなかった。おすしをご馳走になり、お孫さんの遊び相手をして夕方おいとまをした。写さなかったカメラのせいか、バッグが行きよりも重いように思えた。

お辞儀

留守番電話を取りつけて十年になる。

近頃はこの機械も普及したと見えて、見当違いなメッセージが入っていることも少なくなったが、はじめの頃は楽しいのが多かった。

「なんとかコーヒー店だけど、モカ・マタリを二キロとブルー・マウンテンを一キロ、大至急届けて頂戴」

「××子がさ、どしてもうち出てくっていうんだよ。そいでさ、あれ? モシモシ、モシモシ、聞えないの? モシモシ。フッフッ(電話機に息を吹き込む音)おかしいな。アー、本日ハ晴天ナリ」

こんなのは序の口で、いきなり、

「人を馬鹿にするな」

とどなられたこともある。

借金のいいわけするのが嫌だからといって、女を使って居留守を使うとは何事か。今日中に三十万、耳を揃えて返せ、と大変な見幕である。勿論、身に覚えのない全くの間違い電話なのだが、私の方も姓を名乗り、只今外出しているがこれは留守番電話でありますから、私が話し終って信号音が出たら一分以内で名前と用件をおっしゃって下さい、といっているのだから、どうしてこういうことになるのか、見当がつかない。

一分間では用が足《た》りず、再びかけ直してパートⅡまで吹き込む人もあったが、面白かったのは黒柳徹子嬢であった。

「向田さん？　黒柳です」

はじめにこういわないと、あとが出てこないらしく、早口でこういうと、あとはもっと早口で、こういう機械に向って電話をするのははじめてなので物凄くしゃべりにくいの。感情的にしゃべるのもヘンだし、ニュースみたいにしゃべるのもおかしいし、どうしたらいいか迷ってしまいます、などといっているうちに一分たって切れてしまう。

つづいて、また、一通話。

「向田さん？　黒柳です」

と同じ調子ではじまって、さっきの続きなんだけど、一分て早いわねえ。ほかの人はみんな一分でちゃんと用が足りるのかしら。みなさんすごく頭がいいんですねえ。あたしはダメだわなどといっているうちに一分終了。

またまた「向田さん？　黒柳です」にはじまって、いまNHKのスタジオの副調整室から掛けているんだけど、あたしが一方的にしゃべっているもんだから、みんなチャックは気が狂ったんじゃないかみたいな顔であたしの方見てるの。と情況説明でこれも切れてしまった。

こんな調子で、立板に水の早口で九通話もしゃべりまくりながら、結局は、用件はあとでジカに話すわねということになったのだが、通して聞くと何とも楽しい九分間のショーになっている。

私は一人で楽しんではいけないと思い、無断で申しわけないと思ったが、打ち合せにみえたディレクター諸氏や来客にこのテープを聞かせて、もてなしのひとつにしたことがあった。黒柳嬢の一人連続九通話の記録はまだ破られていない。

今までに、一番無愛想な電話は、父からかかったものだろう。

「ウム」

どういうわけかまず物凄いうなり声である。つづいて、

「向田敏雄！」

と自分の名前をどなり、

「すぐ、会社へ電話しなさい。電話××の×××番！」

嚙みつくようにどなっている。なにか気に障ることでもしたのかと泡くってかけたら、お能の切符をもらったから取りにこいというごく普通の用件であった。父は八年前に亡くなったが、留守番電話で声を聞いたのはこれ一回であった。

母もこの頃では大分馴れたが、取りつけた当座はかなり個性的であった。

「お母さんだけどね。そうお。居ないの」

あきらかに腹を立てている。

「いないんならいいですよ。機械にしゃべったってしようがないもの。切るからね」

プンプンしている顔が見えるような声であった。

十年間に間違い電話を含めてユニークなものも多かったが、私が一番好きなのは初老と思われる婦人からの声であった。

「名前を名乗る程の者ではございません」

品のいい物静かな声が、恐縮し切った調子でつづく。

「どうも私、間違って掛けてしまったようでございますが。——こういう場合、どうしたらよろしいんでございましょうか」

小さな溜息と間があって、

「失礼致しました。ごめん下さいませ」

静かに受話器を置く音が入っていた。

たしなみというのはこういうことかと思った。この人の姿かたちや着ている物、どういう家庭であろうかと電話の向うの人をあれこれ想像してみたりした。お辞儀の綺麗な人に違いないと思った。

半年ほど前、母の心臓の調子のよくないことがあった。発作性頻脈《ひんみゃく》といって、一時的に脈搏が二百を越すのである。直接生命に別条はないというものの、本人もまわりも不安になり検査入院ということになった。この大晦日《おおみそか》で満七十歳になる母は息災な人で、お産以外は寝込んだことがない。入院は生れて初めての体験である。一カ月ほどで退院出来るから心配ないといってきかせたのだが、死出の旅路にでかける覚悟で出かけたらしかった。

入院して二、三日は、まるでお祭り騒ぎであった。夜になると十円玉のありったけを握って廊下の公衆電話から今日一日の報告をするのである。

三度三度の食事の心配をしないで暮すのがいかに極楽であるか。献立がいかに老人の好みと栄養を考えて作られているか。看護婦さんがいかに行き届いてやさしいか。テレビのリポーターも顔まけの生き生きとした報告であった。無理をして自分を励ましているところがあった。

三日目あたりから、報告は急激に威勢が悪く、時間も短くなってきた。四日目からはその電話もなくなった。

追い込みにかかっていた仕事に区切りをつけ、私が一週間目に見舞った時、母はひとまわりも小さくなった顔で、ベッドに坐っていた。この日は、よそにかたづいている妹もまじえて姉弟四人の顔が揃ったのだが、辛いのは帰りぎわであった。

私が弟の腕時計に目を走らせ、

「ではそろそろ」

といおうかなとためらっていると、一瞬早く母が先手を打つのである。

「さあ、お母さんも横にならなくちゃ」

晴れやかな声でいうと思い切りよく立ち上り、見舞いにもらった花や果物の分配を始める。押し問答の末、結局私達は持ってきた見舞いの包みより大きい戦利品を持たされて追っ払われるのである。

「見舞いの来ない患者もいるのに、こうやってぞろぞろ来られたんじゃお母さんきまりが悪いから当分はこないでおくれ」

と演説をしながら、一番小さな母が四人の先頭に立って廊下を歩いてゆく。

「本当にもうこないでおくれよ」

くどいほど念を押しエレベーターに私達を押しこむと、ドアのしまりぎわに、

「有難うございました」

今までのぞんざいな口調とは別人のように改まって、デパートの一階にいるエレベーターガールさながらの深々としたお辞儀をするのである。

ストレッチャーをのせる病院の大型エレベーターは両方からドアがしまる。寝巻の上に妹の手編の挽茶《ひきちや》色の肩掛けをかけて、白くなった頭を下げる母の姿は、更にもうひと回り小さくみえた。私は、「開」のボタンを押してもう一度声をかけたいという衝動を辛うじて押えた。

四人の姉弟は黙って七階から一階までおりていった。弟がくぐもった声で、ポツンと言った。

「たまンねえな」

末の妹が、

「いつもこうなのよ」

という。妹は毎日世話に通い、弟は三日に一度ずつのぞいているが、母は必ずエレベーターまで送ってきて、こうやって頭を下げる。しかも弟にいわせると、「人数によって角度が違う」というのである。

「今日は全員揃ってたから一番丁寧だったよ」

お母さんらしいやと私達は大笑いしながら、涙ぐんでいるお互いの顔を見ないようにして駐車場へ歩いていった。

母の改まったお辞儀はこれが二度目である。

二年前、私は妹をお供につけて母に五泊六日の香港旅行に行ってもらった。

「死んだお父さんに怒られる」とか「冥利が悪い」と抵抗したが、もともとおいしいものの好きで、年にしては好奇心も旺盛な人だから、追い出してさえしまえばあとは喜ぶと判っていたので、けんか腰の出発だった。

空港で機内持ち込みの荷物の改めがある。私は、母と妹が係官の前でバッグの口をあけているのをプラスチックの境越しに見ていた。

「ナイフとか危険なものは入っていませんね」

係官が型の如くたずねている。私は当然「ハイ」という答を予期したのだが、母は、ごく当り前の声で、

「いいえ持っております」

私も妹もハッとなった。

母は、大型の裁《た》ちばさみを出した。

私は大声でどなってしまった。

「お母さん、なんでそんなものを持ってきたの」

母は私へとも係官へともつかず、

「一週間ですから爪が伸びるといけないと思いまして」

係官は笑いながら「どうぞ」といって下すったが、私は、中の待合室でなぜ爪切りを持ってこなかったのと叱言《こごと》をいった。

「出掛けに気がついたんだけど、爪切り探すのも気ぜわしいと思って」

言いわけをしながら「お父さん生きてたら、叱られてたねえ」とさすがに母もしょんぼりしている。

少し可哀そうになったので、私はそっと立って花屋へゆき、蘭のコサージを作ってもらった。三千円を二千五百円に値切り、母に手渡すと今度はえらい見幕で怒るのである。

「何様じゃあるまいし、お前はどうしてこんな勿体ないお金の使い方をするの」

あげくの果ては返しておいでよ、と母子げんかになってしまった。一生に一度のことなんだからいいじゃないのと妹がとりなして、やっときげんが直り、胸につけたところで、搭乗を知らせるアナウンスがあった。列を作って改札口へ入りながら、母は急に立ちどまると、立っている私の方を振り向いた。てっきり手を振ると思ったので私は右手をあげた。母は深々とお辞儀をした。私も釣られて、片手を振りかけたまま頭を下げたので天皇陛下のようになってしまった。

私は入場券を買ってフィンガーに出た。冬にしてはあたたかいみごとに晴れた日であった。まっ青な空の一点が雲母《うんも》のように光って、飛行機が飛び立ち下りてくる。

母の乗っている飛行機がゆっくりと滑走路で向きを変え始めた。急に胸がしめつけられるような気持になった。

「どうか落ちないで下さい。どうしても落ちるのだったら帰りにして下さい」

と祈りたい気持になった。

飛行機は上昇を終り、高みで旋回をはじめた。もう大丈夫だ。どういうわけか不意に涙が溢れた。たかが香港旅行ぐらいでと自分を笑いながら、さっきの裁ちばさみや蘭の花束のことを思い合せて口許は声を立てて笑っているのに、お天気雨のように涙がとまらなかった。

祖母が亡くなったのは、戦争が激しくなるすぐ前のことだから、三十五年前だろうか。私が女学校二年の時だった。

通夜の晩、突然玄関の方にざわめきが起った。

「社長がお見えになった」

という声がした。

祖母の棺のそばに坐っていた父が、客を蹴散らすように玄関へ飛んでいった。式台に手をつき入ってきた初老の人にお辞儀をした。

それはお辞儀というより平伏といった方がよかった。当時すでにガソリンは統制されており、民間人は車の使用も思うにまかせなかった。財閥系のかなり大きな会社で、当時父は一介の課長に過ぎなかったから、社長自ら通夜にみえることは予想していなかったのだろう。それにしても、初めて見る父の姿であった。

物心ついた時から父は威張っていた。家族をどなり自分の母親にも高声を立てる人であった。地方支店長という肩書もあり、床柱を背にして上座に坐る父しか見たことがなかった。それが卑屈とも思えるお辞儀をしているのである。

私は、父の暴君振りを嫌だなと思っていた。

母には指環《ゆびわ》ひとつ買うことをしないのに、なぜ自分だけパリッと糊の利いた白麻の背広で会社へゆくのか。部下が訪ねてくると、分不相応と思えるほどもてなすのか。私達姉弟《きょうだい》がはしかになろうと百日咳になろうとおかまいなしで、一日の遅刻欠勤もなしに出かけていくのか。

高等小学校卒業の学力で給仕から入って誰の引き立てもなしに会社始まって以来といわれる昇進をした理由を見たように思った。私は亡くなった祖母とは同じ部屋に起き伏しした時期もあったのだが、肝心の葬式の悲しみはどこかにけし飛んで、父のお辞儀の姿だけが目に残った。私達に見せないところで、父はこの姿で戦ってきたのだ。父だけ夜のおかずが一品多いことも、保険契約の成績が思うにまかせない締切の時期に、八つ当りの感じで飛んできた拳骨をも許そうと思った。私は今でもこの夜の父の姿を思うと、胸の中でうずくものがある。

母は子供たちにお辞儀をみせてくれたが、父は現役のまま六十四歳で、しかも一瞬の心不全で急死したので、遂に子供には頭を下げずじまいであった。晩年は多少折れたようなものの、やはり叱りどなり私達に頭を下げさせたまま死んだ。

親のお辞儀を見るのは複雑なものである。

面映ゆいというか、当惑するというか、おかしく、かなしく、そして少しばかり腹立たしい。

自分が育て上げたものに頭を下げるということは、つまり人が老いるということは避けがたいことだと判っていても、子供としてはなんとも切ないものがあるのだ。

子供たちの夜

つい先だってのことだが、キリスト教関係の出版物を出しているところから電話があった。「愛」について短いものを書いて欲しいという依頼である。

私は常日頃神様とは全くご無沙汰の人間である。おまけに愛ということばは外来語のようでいまひとつ肌に馴染《なじ》まず、口に出して言うと面映ゆいところがある。ご辞退をしたのだが、電話の向うのシスターの静かな話しぶりはまるで美しい音楽を聞いているようで、気がついた時はハイと言ってしまっていた。

電話を切って、私は絨毯の上に長々と寝そべった。両手を自然に体につけ全身の力を抜く。大きく息を吸いながら両手を上へ上げ、頭の上に伸ばして絨毯につけるようにする。十回も繰り返すと体がやわらかくなって疲れが取れると婦人雑誌に書いてあったので、テレビの台本を書いていてセリフに詰ると時々試みていたのである。

棒鱈《ぼうだら》のように長くなって愛を考えるのは不謹慎な気もしたが、夏にしては涼しい昼下り、ゆっくりと体を伸ばしながら、私が初めて愛というものを感じたのはいつだろう、などとぼんやりしているのは、何やら神の恩寵に包まれているようで幸せな気分である。

気がついたら小一時間ほどうたた寝をしていた。

目が覚めたら、夕立でも来るのかあたりは薄暗くなっていた。昼寝の目覚めに仰ぐわがマンションの天井はベージュ一色の壁紙でサッパリしているが味気ない。子供の頃見た天井はこうではなかった。天井には木目や節があり、暗い夜のあかりの中で、動物やお化けに見えたりした。そんなことが糸口になって、繭玉《まゆだま》から糸を手繰り出すように子供の頃の夜の情景がよみがえってきた。

子供の頃はよく夜中に起された。

父が宴会から折詰を持って帰ってくるのである。末の妹はまだ乳のみ児だったから、私をかしらに姉弟三人がパジャマの上にセーターを羽織ったり綿入れのチャンチャンコを着せられたりして、茶の間に連れてこられる。食卓では赤い顔をした父が待ちかまえていて、

「今日は保雄から先に取れ」

と長男を立てたり、

「この前は保雄が先だったか。それじゃあ今晩は邦子がイチだ」

と長女の私の機嫌を取ったりしながら、自分で取皿に取り分けてくれる。宴席で手をつけなかった口取りや二の膳のものを詰めてくるのだろうが、今考えてもなかなか豪勢なものだった。

鯛の尾頭つきをまん中にして、かまぼこ、きんとん、海老の鬼がら焼や緑色の羊羹《ようかん》まで入っていた。酒くさい息は閉口だったが、日頃は怒りっぽい父が、人が変ったようにやさしく、

「さあお上り」

と世話をやいてくれるのは嬉しかったし、好きなものをひと口ずつ食べられるのも悪くなかったが、何しろ眠いのである。眠たがり屋の弟は、いつも目をつぶって口を動かしていた。祖母が父に聞えぬような小さな声で、

「可哀そうだから寝かせたほうがいいよ」

と母に言うのだが、母は、上機嫌で調子外れの鼻唄を歌いながら子供たちの食べるのを眺めている父の方に目くばせをしながら、祖母をとめていた。

遂にたまりかねたのか、弟は人一倍大きな福助頭をぐらりと前へのめらせて自分の取皿を引っくり返し、さすがの父も、

「もういいから寝かせてやれ」

ということになった。

祖母に抱き抱えられた弟は、それでも箸をしっかり握っていて、母が指を一本一本開いて取っていたのを覚えている。もっとも眠い思いも、たかが十五分か二十分のことで、食卓に肘《ひじ》をついたり、腕枕で子供たちの食べるのを眺めていた父は、酔いが廻るのか雷のような大いびきで眠ってしまう。

「さあ、よし。やっとお父さんが寝た」

と祖母と母はほっとして、これも半分眠っている子供たちをそれぞれの部屋に連れてゆき寝かせるのである。

こんな按配だから、朝になって折詰の残りが食卓にならんでいても、本当に昨夜食べたのかどうか半信半疑で、二番目の妹などは、よく、

「あたしは食べなかった」

と泣いていた。

ある朝、起きたら、庭に鮨《すし》の折りが散乱していたことがあった。

例によって深夜、鮨折りの土産をぶら下げてご帰館になり、「子供たちを起せ」とどなったのだが、夏場でもあり、母が「疫痢《えきり》にでもなったら大変ですから」ととめたところ、

「そうか。そんなら食わせるな」

と庭へ投げ捨てたというのである。

乾いて赤黒く変色したトロや卵焼が芝生や庭石にこびりつき、大きな蠅《はえ》がたかっていた。みせしめのためか、母は父が出勤するまで取り片づけず、父は朝刊で顔をかくすようにして、ブスッとした顔で宿酔《ふつかよい》の薬を飲んでいた。

子供たちが夜中に起されるのは折詰だけではなかった。藤色のフェルトの帽子であったり、黒いビロードの黒猫のハンドバッグであったり、童話の本や羽子板であったりした。パジャマの肩に反物をあてがわれ、

「どうだ。気に入ったろう」

と何度もたずねられた覚えもある。

こういう時の子供たちのいでたちというのが全員パジャマの上に毛糸の腹巻なのである。

この格好が、三人ならんで、

「お父さん、お先におやすみなさい」

と礼儀正しく挨拶するところは、チンピラやくざが仁義を切るようなもので、他人が見たらさぞ滑稽な眺めだったろうと思う。私も大きくなるにしたがって毛糸の腹巻がきまりが悪くてたまらず、父の転勤で親許を離れて暮した時は、この格好をしなくてもすむというだけで嬉しかった。

私は子供にしては目ざといたちだったらしく、夜更けに、よく大人達が、物を食べているのに気がついた。ご不浄にゆくついでに茶の間をあけると、たしかに餅を焼く匂いがしたのに、父は本をひろげ、母と祖母は繕い物をしていて、食卓には湯呑み茶碗しかのっていない。

バナナや水蜜桃、西瓜など、当時の子供が食べると疫痢になるといわれたものを、親達は子供が寝てから食べていたらしい。その証拠に私が少し大きくなると、

「保雄や迪子には内緒だよ」

とバナナをほんの一口、口に入れてくれることもあった。

「お水を飲んじゃいけないよ」

といわれながら、大人扱いされるのが嬉しくて、翌朝、ゆうべの出来事をほのめかして妹や弟をかまい祖母に叱られたこともあった。

「コンキチ」

といっても、知っているのは我が家族だけであろう。掻巻《かいまき》（小夜具）のことである。

母は手まめな人で、子供用に小さな掻巻を縫ってくれた。黒い別珍の衿《えり》が掛っていた。それを幼い私が、どういうわけか「コンキチ」と呼び、いつの間にか我が家だけの呼び名になってしまった。私は、随分大きくなるまで、この呼び方は、日本中どこでも通用

する正式の日本語だと思い込んでいて、知った時はかなり恥ずかしい思いをした。

コンキチの柄は忘れてしまったが、掛布団にはとても好きな柄があった。臙脂《えんじ》の地色に、黄色や白や藤色で花火のような模様が一面に散っていた。

ある晩、泊り客があった。

客用の夜具布団よりも客の人数が多かったらしく、

「今晩だけ、これで我慢しておくれ」

と、何やらカビ臭い古い毛布などをあてがわれ、代りに大好きな花火の掛布団を取り上げられてしまった。

これから先は、聞いた話になるのだが、翌朝の朝食の席で、客の一人が、「お宅はお子さんの躾《しつけ》が実にいい」と感心している。夜中にスーと襖《ふすま》があくので見ると、一番上のお嬢さん、つまり私が敷居のところで手をついていた。礼儀正しく一礼すると、入ってきて、

「失礼いたします」

と挨拶して、花火の掛布団をズルズルと引きずって引き上げていったというのである。

父と母は恐縮して平謝りに謝り、早速客布団を追加して誂えたそうだ。

子供の頃の夜の記憶につきものなのは、湯タンポの匂いである。

冬になると、風邪を引くという理由で、子供はお風呂は一晩おきであった。その代り、お風呂に入らない晩は湯タンポを入れてくれる。夕食が終って台所をのぞくと、祖母が草色の大きなヤカンから、湯タンポにお湯を入れていた。把手《とって》のついた口金を締めると、チュウチュウとシジミが鳴くような音を立てた。それを古くなった湯上りタオルで包み、子供用のは蹴飛ばして火傷《やけど》をするといけないというので、丁寧に紐でゆわえるのである。

湯タンポは翌朝までホカホカとあたたかかった。自分の湯タンポを持って洗面所にゆき、祖母に栓をあけてもらい、なまぬるいそのお湯で顔を洗うのである。日向《ひなた》くさいような金気の匂いがした。白い琺瑯《ほうろう》引きの洗面器の底に、黒い砂のようなものがたまる時もあった。

爪先立ちをして、袖や胸をぬらさないように顔を洗っていると、台所からかつお節をけずる音がした。昨夜、湯タンポのお湯を沸かした大きな草色のヤカンは台所の七輪の上でまた湯気を上げている。これは父のひげ剃りと洗面のためのお湯である。父は湯タンポのお湯は使わなかった。何でもお父さんだけ特別にされるのが好きな人だった。父の湯タンポのお湯は、たらいやバケツにあけて、母が洗濯や掃除に使っていた。

戦前の夜は静かだった。

家庭の娯楽といえばラジオぐらいだったから、夜が更けるとどの家もシーンとしていた。

布団に入ってからでも、母が仕舞い風呂を使う手桶の音や、父のいびきや祖母が仏壇の戸をきしませて開け、そっと経文を唱える気配が聞えたものだった。裏山の風の音や、廊下を歩く足音や、柱がひび割れるのか、家のどこかが鳴るようなきしみを、天井を走るねずみの足音と一緒に聞いた記憶もある。飛んでくる蚊も、音はハッキリ聞えた。闇が濃いと匂いと音には敏感になるというから、そのせいもあるだろうが、さまざまな音が聞えたような気がする。

その中で忘れられないのは、鉛筆をけずる音である。

夜更けにご不浄に起きて廊下に出ると耳馴れた音がする。茶の間をのぞくと、母が食卓の上に私と弟の筆箱をならべて、鉛筆をけずっているのである。

木で出来た六角の土びん敷きの上に、父の会社のいらなくなった契約書を裏返しにしてのせ、実に丹念にけずっていた。ナイフは父のお下りの銀色の紙切りナイフだった。長方形の極く薄型で、今考えてもとても洒落《しゃれ》た形だった。安月給のくせに、父はそういう身の廻りのものに凝る人だったし、その後同じ型のものを見たことがないところを見ると外国製だったのかも知れない。

翌朝、学校へ行って一時間目に赤い革で中が赤ビロードの筆箱をあけると、美しくけずった鉛筆が長い順にキチンとならんでいた。その頃から鉛筆けずりはあったし、子供部屋にもついていたが、私達はみな母のけずった鉛筆がすきだった。けずり口がなめらかで、書きよかった。母は子供が小学校を出るまで一日も欠かさずけずってくれていた。

母は宴会だ会議だと帰りの遅い父を待ちながら、子供たちの鉛筆をけずっていたのだろう。冬は、長火鉢に鉄びんが湯気をあげ、祖母が咳の薬に煮ている金柑の砂糖煮の匂いがすることもあった。夏はうず巻きの蚊取り線香の細い煙がそばにあった。昼間の疲れか、ナイフを手に食卓にうつぶしている姿を見たこともある。

子供にとって、夜の廊下は暗くて気味が悪い。ご不浄はもっとこわいのだが、母の鉛筆をけずる音を聞くと、何故《なぜ》かほっとするような気持になった。安心してご不浄へゆき、また帰りにちょっと母の姿をのぞいて布団へもぐり込み夢のつづきを見られたのである。

記憶の中で「愛」を探すと、夜更けに叩き起されて、無理に食べさせられた折詰が目に浮かぶ。つきあいで殺して飲んできた酒が一度に廻ったのだろう、真赤になって酔い、体を前後にゆすり、母や祖母に顰蹙《ひんしゅく》されながら、子供たちに鮨や口取りを取り分けていた父の姿である。

朝の光の中で見た芝生に叩きつけられた黒い蝿のたかったトロや卵焼。そして夜の廊下で聞いた母の鉛筆をけずる音。「コンキチ」と口の中で呟《つぶや》くと、それらの光景がよみがえってくる。

私達きょうだいはそれに包まれて毎晩眠っていたのだ。あの眠りのおかげで大きくなったのだ。

だが、キリスト教の雑誌にはこういう下世話なことを書くのもきまりが悪く、枚数も短いことだから、その次の次ぐらいに浮かんだ思い出の「愛」の景色を書くことにした。

細長い海

この間うちから、蝦蟇口《がまぐち》の口金がバカになっている。

疳性《かんしょう》なせいか、靴の紐やベルトもきつめに結ぶたちなので、蝦蟇口もパチンと音がしないとお金の出し入れのきまりがつかないようで気持が悪い。銀座へ出たついでにデパートの袋物売場をのぞいてみた。あれこれ物色した挙句、結局は買わずに帰ったのだが、隅に並んでいた赤い丸型の小ぶりの蝦蟇口を手に取った時、よみがえるものがあった。

何十年も忘れていた海辺の光景が浮かんできたのである。四国の高松に住んでいた時分だから、三十五年も前のことになる。私は小学校六年生だった。

私は友達の女の子と二人で、堤防の上を歩いていた。海水浴の帰りで、髪は濡れていたが肌はサラサラで、泳いだあとの眠いような快さがあった。少し泳げるようになったこともあって、私は機嫌がよかった。小さな赤い蝦蟇口をお手玉のように抛り上げ抛り上げしながら歩いていた。

反対側から水兵さんが二人やってきた。当時高松は「築港」と呼ばれる連絡船の着く桟橋があり、戦争中だったから軍艦が寄港していたのかも知れない。水兵さんは堤防で釣をしている人をのぞき込んだりしながらゆっくりとこちらへ歩いてくる。

私は小学校三年の時、学芸会で「かもめの水兵さん」を踊ったことはあるが、本ものの水兵さんを間近に見るのは初めてだったから胸がドキドキした。ところが、すれ違いざま、先頭の水兵さんはひょっと手を出して、私が拋り上げた蝦蟇口をさらってしまった。

友達の女の子が、目をパチパチさせて私を見た。この子のキョトンとした顔はそのまま私の顔だったろうと思う。その頃、兵隊さんは絶対的な存在であった。水兵さんに蝦蟇口を掻っ払われるなど、お巡りさんに泥棒されるのと同じだった。

記憶はここでプツンと切れているのだが、どうもこのあと、この時の赤い蝦蟇口を使ったような気もするので、多分水兵さんは「冗談だよ」という感じで蝦蟇口を返してくれたのだと思う。だが、私の思い出の中の絵は堤防の上をゆく、蚊トンボのようなすねをした女の子が、すれ違った水兵さんに赤い蝦蟇口をひょいとさらわれて呆然としている場面なのである。あの日、瀬戸内海にしては珍しく風があったのか波は音を立てて堤防の左側を叩いていた。

海水浴場で心に残っているのは、鹿児島の天保山《てんぽざん》である。

四十年前の田舎の海水浴場というのは誠にのんびりしたもので、葦簀《よしず》張りの入れ込みの脱衣場と、黒いこうもり傘を立てたラムネやゆで玉子を売る小店が出ているだけであった。

鹿児島市内の住まいから、日曜のたびに出かけたのだが、引率者は大抵祖母で、私と弟がボチャボチャやっている間中、砂浜に日傘をさして坐り、母から借りた腕時計を見ては、十分間たつとハンカチを振って私達に合図をした。

その前の年、私は大病をしていたので、医者から海水浴は十分入ったら十分出るようにしなさいといわれていたのである。

この天保山海水浴場の脱衣場で、私は下着を盗《と》られてしまった。何でも手作りにするうちだったから、「ズロース」も白いキャラコで母の手縫いであった。日華事変は始まっていたが、まだ衣料品は逼迫《ひっぱく》していなかったから、どうして子供の、しかも手縫いの下着一枚だけが失《な》くなったのかわからないが、とにかく脱衣籠を逆さに振っても無いのである。

天保山から市内のうちまではバスに乗らなくてはならない。ベソをかく私を見かねた祖母は、当時小学校一年の弟に、

「お姉ちゃんに貸しておやり。お前はじかにズボンをはけばいいじゃないか」

といってきかせるのだが、弟はいつものろのろしている癖に、この日だけはいやに手早く身支度を終え、ズボンをギュッと手で押えながら、ムッとして返事もせず海を見ていた。

私はスカートの裾を手で絞るように押えながらバスに乗りうちに帰った。その夜の夕食でこのことを母が父に報告した。父は晩酌のビールを飲みながら聞いていたが、いきなり、

「馬鹿！」

とどなった。

「二人とも馬鹿だぞ。保雄は男じゃないか。どうしてお姉ちゃんに貸してやらない。お前は男のクズだ」

弟は口惜《くや》し涙のたまった目で、私をにらんだ。

「邦子も馬鹿だ。そんなに大事なものならこんどからはいて泳げ！」

きまりの悪いはなしを蒸し返されて、それでなくても身を縮めていたのに、何という理不尽なことをいうのだろうと私も鼻の奥がツーンとしてきた。

祖母が、

「いいよいいよ。この次からは、二人の脱いだものはあたしが背負っててやるよ」

と取りなしてくれるのも、人を馬鹿にしているようで腹が立つ。笑い上戸の母が、笑

いをこらえながら父にビールをついでいるのもしゃくにさわった。口の中でご馳走様をいい子供部屋へ引き取ったが、涙がこぼれて仕方がない。泣いているところを父にみつかるとまた叱られるので、そっとご不浄に入った。涙を拭いていたら、隣りに父が入ってきた。昔のご不浄は入って取っつきが男便所で、右か左に開き戸か引き戸があり女用になっていた。

　用を足している時、板戸一枚向うに肉親がいて、これも用を足しているというのは誠に居心地のよくないもので、私は入っていることを悟られぬように息をこらしていた。ビールのせいか、勢いのいい父の水音が聞えた。それにまじって、笑い声がするのである。父はさもおかしそうに笑っていた。さっき食卓でどなったようなものの、父もやはりおかしかったのだろう。お父さんというのは不思議なものだな、と思った。

　泳いでいる最中にばったり知人に逢ったことがある。

　鎌倉の材木座の沖、といっても百メートルほどのところだが、この辺までくると、ひと掻きごとに人にぶつかるということもない。海も綺麗なような気がしてゆっくりと伸《の》して泳いでいた。少し沖へ来過ぎたからと戻りかけた時、十年ぶりの友人にぶつかったのである。

　勤めていた時の知り合いで、外国通信社関係のひとだった。「まあ、お久しぶり」「奇遇ですなあ」にはじまって、お互い立ち泳ぎをしながら手短かに十年間のご無沙汰を話し合った。相手は湘南の生れ育ちで、まるで道端で立ち話をするように事もなげに立ち泳ぎの手足を動かしているのだが、私は立ち泳ぎが不得手である。帰りもあるので、浮き身になって話をつづけたのだが、波の加減で、二人の体が軽くぶつかったりしてしまう。いかに海中とはいえ、ビキニに近い水着で、半裸の男性の傍で、横になって寝そべって対応するというのがどうも、不謹慎というか、はしたない気がして仕方がない。話もそこそこに切り上げて浜に向って泳ぎ出したのだが、帰りに鰹の烏帽子《えぼし》にやられてしまった。

鰹の烏帽子というのは、管《くだ》くらげの一種で、小さい透明の軟骨で出来た船のようなものの下に、イカの足の三倍もありそうな長い透明なひもがついている。これがクルクルッと腕に巻きついたのである。灼熱感があり、咄嗟《とっさ》に払いのけたが、さっきの海中の立ち話の疲労と腕の痛みで、したたかに水をのみ、浜にへたり込んでしばらくは立ちも出来ないほどだった。

腕はその夜のうちに倍の太さに腫れ上り、鉄条網で引っかいたような傷が腕を三巻きしていた。この傷は翌年の春までしつこくあとに残り、「縛られたあとですか」と尋ねられたりして弁解に汗をかいた。鰹の烏帽子はポルトガルの軍艦ともいうのだそうな。

溺《おぼ》れかけたことが一度ある。

これも小学校六年の時で、少し泳げるようになったので、飛込み台から、一人ずつ飛び込んで岸まで戻ることになった。飛び込んで少し泳ぎはじめた途端、いきなり誰かが首っ玉にかじりついた。あとから飛び込んだ男の子がこむらがえりを起し、苦しまぎれに私に抱きついたのだ。

こういう場合、人は短い間にいろいろなことを考えると聞くが、私は子供だったせいもあろうが、そういうことは何もなかった。ただ、首のうしろがカッと熱くなったことと、首に食い込む誰かの手を必死で振り払おうとした記憶だけである。

気がついた時、私は砂浜に寝かされていた。まわりに七つ八つの顔がのぞき込み、その上にポカッと青い空があった。課外授業の先生だか小使さんだか忘れたが熱い飴湯を飲ませてくれた。生れて初めて飲んだせいもあるが、ひどくおいしいものだなと思った。

昔の小学校というのはのんきだったのか、別に先生が詫びにくる、というようなこともなく、私は一人でうちに帰った。帰る途中で気がついたのだが、見えがくれに一人の男の子があとをついてくる。

さっき、こむらがえりを起して私を溺れさせた男の子だった。顔は知っていたが口を利いたことはなかった。その子は、生垣の葉っぱをむしったり小石を蹴ったりしながら、黙ってあとをついてくる。

謝るのなら早く謝ればいいのにと、わざとゆっくり歩くと、相手もゆっくり歩くので、とうとうそのままでうちまで来てしまった。

二階へ上って勉強部屋の窓からのぞくと、彼は道路をへだてた向う側に立っていた。男の子が泳ぐ時にかぶる赤帽の、紐をしめて玉のようになったのに濡れた水着が入っているのだろう、ポタポタと水が垂れて足許のコンクリートに黒いしみがひろがっていた。カーテンをあけて顔を出そうかと思った時、

「邦子さん、ごはんですよオ」

と呼ぶのんびりした母の声が聞えた。私はそのまま下へおりていった。

鹿児島の磯浜《いそはま》は、錦江湾の内懐にある。目の前に桜島が迫り、文字通り白砂青松、波のおだやかな美しい浜である。近頃は観光名所になってひどくにぎわっているらしいが、戦前は静かなものだった。

島津別邸もあり、市内に近いこともあって品のいい別荘地でもあったようだ。山が海岸近くまで迫り、海に向って、名物の「じゃんぼ」を食べさす店が何軒か並んでいた。「じゃんぼ」は醬油味のたれをからめたやわらかい餅である。ひと口大の餅に、割り箸を二つ折りにしたような箸が二本差してあるので、二本棒つまり「リャン棒」がなまったのだと、解説好きの父が食べながら教えてくれた。

母がこの「じゃんぼ」を好んだこともあって、鹿児島にいる時分はよく磯浜へ出かけた。

海に面した貸席のようなところへ上り、父はビールを飲み、母と子供たちは大皿いっぱいの「じゃんぼ」を食べる。このあと、父は昼寝をし、母と子供たちは桜島を眺めたり砂遊びをしたりして小半日を過すのである。

あれは泳ぐにはまだ早い春の終り頃だったのだろうか。

いつもの通り座敷に上って父はビールを飲み、私達は「じゃんぼ」の焼き上るのを待っていた。おとなにとって景色は目の保養だが、子供にとっては退屈でしかない。小学校四年生だった私は、一人で靴をはき、おもてへ遊びに出た。貸席と貸席の間はおとな一人がやっと通れるほどの間で建っている。私はそこを通ってタクシーの通る道路の方を見物にゆき、格別面白いものもないので、また狭いすき間を通って家族のいる座敷へもどっていった。

その時、海の方から、一人の漁師が上ってきた。下帯一本の裸で、すき間いっぱいになって歩いてきた。よけようとして板にはりついた時、ふっとお正月のお飾りにつかう「ほんだわら」と同じ匂いだなと思った。そして、次の瞬間、洋服の上から体をさぐられていた。漁師は私に軽いいたずらをしたのである。

声も出ないで立ちすくんだ時、父の大きな声が聞えた。漁師はそのまま行ってしまった。

私はしばらくの間、板に寄りかかって立っていた。建物と建物の間にはさまれた細長い海がみえた。

私はすぐには座敷にもどらず、いったん表へ出て井戸で手を洗った。さびついたポンプが、

「ジャッキン・ジャッキン」

と音を立てた。ごしごし手を洗ってポケットからハンカチを出して拭いた。

ハンカチの端に、母の字で、

「向田邦子」

と書かれた墨の字が、水をくぐって薄くなっていた。初めて自分の名前を知らされたような、不思議な気持があった。

ゆっくりとハンカチをたたみ、今度はぐるりと廻って座敷へもどった。さっきのことは誰にもいわなかった。

漁師は若かったのか年かさだったのかも覚えていない。なぜ声を立てなかったのか、手が汚れたわけでもないのになぜ手を洗ったのか。どういう気持だったのか、判るような気もするが、言葉にしてならべると、こしらえごとになりそうなのでやめておいたほうが無難だろう。

海で泳がなくなって七年になる。

以前は、泳ぐ夢も見たし、誰かに追われて波打ちぎわを走って逃げ、足の重さに目を覚ますこともあったが、この頃はそんな夢も見なくなった。濡れた水着を夜干して、翌日、まだ生乾きのを着る時の気色《きしょく》の悪さや、岩と岩の間の水たまりで泳いでいて、小さい魚がツンツンと太ももにあたる感触は日一日と遠くなっている。

美しい海、印象に残る海といえば、五年前に見た、まるで安手のペパーミント・ジェリーのようなカリブの海や、おみおつけ色のタイ国のバンセンの海、噛みつくような冬のトレドの海がある。朝夕二回、何千何万羽というペンギンの群が、いわしを食べに餌《えさ》場《ば》に通うのを岩の上から眺めたペルーの南、ベド・ベントの海も凄かった。

だが、外国の海は、波ひとつにしても外国語で打ち寄せるのである。そこへゆくと、日本の海はチャプンにしろ、ドブーンにしろ、「ひねもすのたりのたり」にしろ、日本語で打ち寄せてくれるような気がする。生れ育ったところだから、ひいき目に見るのだろうが、やはり日本の海の方が凄みはないがやさしくていい。中でもひとつをといわれると、どういうわけかあのいささかきまりの悪い思いをした磯浜の、細長い海が、私にとって、一番なつかしい海ということになるのである。

ごはん

歩行者天国というのが苦手である。

天下晴れて車道を歩けるというのに歩道を歩くのは依怙地《えこじ》な気がするし、かといって車道を歩くと、どうにも落着きがよくない。

滅多に歩けないのだから、歩ける時に歩かなくては損だというさもしい気持がどこかにある。頭では正しいことをしているんだと思っても、足の方に、長年飼い慣らされた習性からうしろめたいものがあって、心底《しんそこ》楽しめないのだ。

この気持は無礼講に似ている。

十年ほど出版社勤めをしたことがあるが、年に一度、忘年会の二次会などで、無礼講というのがあった。その晩だけは社長もヒラもなし。いいたいことをいい合う。一切根にもたないということで、羽目を外して騒いだものだった。

酔っぱらって上役にカラむ。こういう時オツに澄ましていると、融通が利かないと思われそうなので、酔っぱらったふりをして騒ぐ。

わざと乱暴な口を利いてみる。

だが、気持の底に冷えたものがある。

これはお情けなのだ。

一夜明ければ元の木阿弥《もくあみ》。調子づくとシッペ返しがありそうな、そんな気もチラチラしながら、どこかで加減しいしい羽目を外している。

あの開放感と居心地の悪さ、うしろめたさは、もうひとつ覚えがある。

それは、畳の上を土足で歩いた時だった。

今から三十二年前の東京大空襲の夜である。

当時、私は女学校の三年生だった。

軍需工場に動員され、旋盤工として風船爆弾の部品を作っていたのだが、栄養が悪かったせいか脚気《かっけ》にかかり、終戦の年はうちにいた。

空襲も昼間の場合は艦載機が一機か二機で、偵察だけと判っていたから、のんびりしたものだった。空襲警報のサイレンが鳴ると、飼猫のクロが仔猫をくわえてどこかへ姿を消す。それを見てから、ゆっくりと本を抱えて庭に掘った防空壕へもぐるのである。

本は古本屋で買った「スタア」と婦人雑誌の附録の料理の本であった。クラーク・ゲーブルやクローデット・コルベールの白亜の邸宅の写真に溜息《ためいき》をついた。

わたしはいっぱしの軍国少女で、「鬼畜米英」と叫んでいたのに、聖林《ハリウッド》だけは敵性国家ではないような気がしていた。シモーヌ・シモンという猫みたいな女優が黒い光る服を着て、爪先をプッツリ切った不思議な形の靴をはいた写真は、組んだ脚の形まで覚えている。

料理の本は、口絵を見ながら、今日はこれとこれにしようと食べたつもりになったり、材料のあてもないのに、作り方を繰り返し読みふけった。頭の中で、さまざまな料理を作り、食べていたのだ。

「コキール」「フーカデン」などの食べたことのない料理の名前と作り方を覚えたのも、防空壕の中である。

「シュー・クレーム」の頂きかた、というのがあって、思わず唾をのんだら、

「淑女は人前でシュー・クレームなど召し上ってはなりません」

とあって、がっかりしたこともあった。

三月十日。

その日、私は昼間、蒲田に住んでいた級友に誘われて潮干狩に行っている。

寝入りばなを警報で起された時、私は暗闇の中で、昼間採ってきた蛤《はまぐり》や浅蜊《あさり》を持って逃げ出そうとして、父にしたたか突きとばされた。

「馬鹿！　そんなもの捨ててしまえ」

台所いっぱいに、蛤と浅蜊が散らばった。

それが、その夜の修羅場の皮切りで、おもてへ出たら、もう下町の空が真赤になっていた。我家は目黒の祐天寺のそばだったが、すぐ目と鼻のそば屋が焼夷弾の直撃で、一瞬にして燃え上った。

父は隣組の役員をしていたので逃げるわけにはいかなかったのだろう、母と私には残って家を守れといい、中学一年の弟と八歳の妹には、競馬場あとの空地に逃げるよう指示した。

駆け出そうとする弟と妹を呼びとめた父は、白麻の夏布団を防火用水に浸し、たっぷりと水を吸わせたものを二人の頭にのせ、叱りつけるようにして追い立てた。この夏掛けは水色で縁を取り秋草を描いた品のいいもので、私は気に入っていたので、「あ、惜しい」と思ったが、さっきの蛤や浅蜊のことがあるので口には出さなかった。

だが、そのうちに夏布団や浅蜊どころではなくなった。「スタア」や料理の本なんぞといってはいられなくなってきた。火が迫ってきたのである。

「空襲」

この日本語は一体誰がつけたのか知らないが、まさに空から襲うのだ。真赤な空に黒いB29。その頃はまだ怪獣ということばはなかったが、繰り返し執拗《しつよう》に襲う飛行機は、巨大な鳥に見えた。

家の前の通りを、リヤカーを引き荷物を背負い、家族の手を引いた人達が避難して行ったが、次々に上る火の手に、荷を捨ててゆく人もあった。通り過ぎたあとに大八車が一台残っていた。その上におばあさんが一人、チョコンと坐って置き去りにされていた。父が近寄った時、その人は黙って涙を流していた。

炎の中からは、犬の吠え声が聞えた。

飼犬は供出するよういわれていたが、こっそり飼っている家もあった。連れて逃げるわけにはゆかず、繋《つな》いだままだったのだろう。犬とは思えない凄《すさ》まじいケダモノの声は間もなく聞えなくなった。

火の勢いにつれてゴオッと凄まじい風が起り、葉書大の火の粉が飛んでくる。空気は熱く乾いて、息をすると、のどや鼻がヒリヒリした。今でいえばサウナに入ったようなものである。

乾き切った生垣を、火のついたネズミが駆け廻るように、火が走る。水を浸した火叩きで叩き廻りながら、うちの中も見廻らなくてはならない。

「かまわないから土足で上れ！」

る。

父が叫んだ。

私は生れて初めて靴をはいたまま畳の上を歩いた。

「このまま死ぬのかも知れないな」

と思いながら、泥足で畳を汚すことを面白がっている気持も少しあったような気がする。

こういう時、女は男より思い切りがいいのだろうか。父が、自分でいっておきながら爪先立ちのような半端な感じで歩いているのに引きかえ、母は、あれはどういうつもりだったのか、一番気に入っていた松葉の模様の大島の上にモンペをはき、いつもの運動靴ではなく父のコードバンの靴をはいて、縦横に走り廻り、盛大に畳を汚していた。母も私と同じ気持だったのかも知れない。

三方を火に囲まれ、もはやこれまでという時に、どうしたわけか急に風向きが変り、夜が明けたら、我が隣組だけが嘘のように焼け残っていた。私は顔中煤《すす》だらけで、まつ毛が焼けて無くなっていた。

大八車の主が戻ってきた。父が母親を捨てた息子の胸倉を取り小突き廻している。そこへ弟と妹が帰ってきた。

両方とも危い命を拾ったのだから、感激の親子対面劇があったわけだが、不思議に記憶がない。覚えているのは、弟と妹が救急袋の乾パンを全部食べてしまったことである。

うちの方面は全滅したと聞き、お父さんに叱られる心配はないと思って食べたのだという。

孤児になったという実感はなく、おなかいっぱい乾パンが食べられて嬉しかった、とあとで妹は話していた。

さて、このあとが大変で、絨毯爆撃がいわれていたこともあり、父は、この分でゆくと次は必ずやられる。最後にうまいものを食べて死のうじゃないかといい出した。

母は取っておきの白米を釜いっぱい炊き上げた。私は埋めてあったさつまいもを掘り出し、これも取っておきのうどん粉と胡麻《ごま》油で、精進揚をこしらえた。格別の闇ルートのない庶民には、これでも魂の飛ぶようなご馳走だった。

昨夜の名残りで、ドロドロに汚れた畳の上にうすべりを敷き、泥人形のようなおやこ五人が車座になって食べた。あたりには、昨夜の余燼《よじん》がくすぶっていた。

わが家の隣りは外科の医院で、かつぎ込まれた負傷者も多く、息を引き取った遺体もあった筈だ。被災した隣り近所のことを思えば、昼日中から、天ぷらの匂いなどさせて不謹慎のきわみだが、父は、そうしなくてはいられなかったのだと思う。

母はひどく笑い上戸になっていたし、日頃は怒りっぽい父が妙にやさしかった。

「もっと食べろ。まだ食べられるだろ」

おなかいっぱい食べてから、おやこ五人が河岸《かし》のマグロのようにならんで昼寝をした。

畳の目には泥がしみ込み、藺草《いぐさ》が切れてささくれ立っていた。そっと起き出して雑巾で拭こうとする母を、父は低い声で叱った。

「掃除なんかよせ。お前も寝ろ」

父は泣いているように見えた。

自分の家を土足で汚し、年端もゆかぬ子供たちを飢えたまま死なすのが、家長として父として無念だったに違いない。それも一個人ではどう頑張っても頑張りようもないことが口惜しかったに違いない。

学童疎開で甲府にいる上の妹のことも考えたことだろう。一人だけでも助かってよかったと思ったか、死なばもろとも、なぜ、出したのかと悔んだのか。

部屋の隅に、前の日に私がとってきた蛤や浅蜊が、割れて、干からびて転がっていた。

戦争。

家族。

ふたつの言葉を結びつけると、私にはこの日の、みじめで滑稽な最後の昼餐が、さつまいもの天ぷらが浮かんでくるのである。

はなしがあとさきになるが、私は小学校三年生の時に病気をした。肺門淋巴腺炎という小児結核のごく初期である。

病名が決った日からは、父は煙草《たばこ》を断った。

長期入院。山と海への転地。

「華族様の娘ではあるまいし」

親戚からかげ口を利かれる程だった。

家を買うための貯金を私の医療費に使ってしまったという徹底ぶりだった。

父の禁煙は、私が二百八十日ぶりに登校するまでつづいた。

広尾の日赤病院に通院していた頃、母はよく私を連れて鰻《うなぎ》屋へ行った。病院のそばの小さな店で、どういうわけか客はいつも私達だけだった。

隅のテーブルに向い合って坐ると、母は鰻丼を一人前注文する。肝焼がつくこともあった。鰻は母も大好物だが、

「お母さんはおなかの具合がよくないから」

「油ものは欲しくないから」

口実はその日によっていろいろだったが、つまりは、それだけのゆとりがなかったのだろう。

保険会社の安サラリーマンのくせに外面《そとづら》のいい父。親戚には気前のいいしゅうとめ。そして四人の育ち盛りの子供たちである。この鰻丼だって、縫物のよそ仕事をして貯《た》めた母のへそくりに決っている。私は病院を出て母の足が鰻屋に向うと、気が重くなった。

鰻は私も大好物である。だが、小学校三年で、多少ませたところもあったから、小説などで肺病というものがどんな病気かおぼろげに見当はついていた。

今は治っても、年頃になったら発病して、やせ細り血を吐いて死ぬのだ、という思いがあった。

少し美人になったような気もした。鰻はおいしいが肺病は甘くもの悲しい。

おばあちゃんや弟妹達に内緒で一人だけ食べるというのも、嬉しいのだがうしろめたい。

どんなに好きなものでも、気持が晴れなければおいしくないことを教えられたのは、この鰻屋だったような気もするし、反対に、多少気持はふさいでも、おいしいものはやっぱりおいしいと思ったような気もする。どちらにしても、食べものの味と人生の味とふたつの味わいがあるということを初めて知ったということだろうか。

今でも、昔風のそば屋などに入って鏡があると、ふっとあの日のことを考えることがある。

暗い臙脂のビロードのショールで衿元をかき合せるようにしながら、私の食べるのを見るともなく見ていた母の姿が見えてくる。その前に、セーラー服の上に濃いねずみ色と赤の編み込み模様の厚地のバルキー・セーターを重ね着した、やせて目玉の大きい女の子が坐っていて、それが私である。母はやっと三十だった。髪もたっぷりとあり、下ぶくれの顔は、今の末の妹そっくりである。赤黄色いタングステンの電球は白っぽい蛍光灯に変り、鏡の中にかつての日の母と私に似たおやこを見つけようと思っても、たまさか入ってくるおやこ連れは、みな明るくアッケラカンとしているのである。

母の鰻丼のおかげか、父の煙草断ちのご利益《りやく》か、胸の病の方は再発せず今日に至っている。

空襲の方も、ヤケッパチの最後の昼餐の次の日から、B29は東京よりも中小都市を狙いはじめ、危いところで命拾いをした形になった。

それにしても、人一倍食いしん坊で、まあ人並みにおいしいものも頂いているつもりだが、さて心に残る〝ごはん〟をと指を折ってみると、第一に、東京大空襲の翌日の最後の昼餐。第二が、気がねしいしい食べた鰻丼なのだから、我ながら何たる貧乏性かとおかしくなる。

おいしいなあ、幸せだなあ、と思って食べたごはんも何回かあったような気もするが、その時は心にしみても、ふわっと溶けてしまって不思議にあとに残らない。

釣針の「カエリ」のように、楽しいだけではなく、甘い中に苦みがあり、しょっぱい涙の味がして、もうひとつ生き死ににかかわりのあったこのふたつの「ごはん」が、どうしても思い出にひっかかってくるのである。

お軽勘平

お正月と聞いただけで溜息が出る。

子供の頃から、お正月は寒いもの、客が多くて気ぜわしいものと決っていたからである。

別にお正月だけが特別に寒かったわけでもないのだろうが、余計なものを取り片づけた座敷は広々としていたし、暮のうちに取り替えた畳は足ざわりも固く青く光っていた。張り替えた障子は、古く黄ばんでケバ立ったのを見馴れた目には、殊更白く見え、床の間の千両や水仙まで冷たく見えた。

来客が見える時間には火鉢を入れるが、あとは重詰がいたまぬよう火の気を控えた部屋もあったから、余計寒く思ったのかも知れない。

日頃は厚手の下着やセーターで、ぼてぼてと着ぶくれていたのが、晴着を着るので薄着になるのがこたえたこともあるのだろう。

家族揃ってお雑煮を祝い終ると、私は晴着の上に白いエプロンをつけ、祖母にたすきをかけてもらって、茶の間の大きな火鉢の前に陣取る。

こも被りや一升瓶の清酒を片口にあけ、うち中ありったけのお銚子をならべて、端から酒を移してゆくのである。いっぱいになると、半紙でつくったおひねりで蓋をしてほこりを防ぎ、炭火の加減を整えて、いつも湯がたぎっているよう、お燗《かん》の用意をするのである。私は子供のくせにお燗の加減を見るのがうまく、

「この子はすぐにでも料理屋へお嫁にゆけるねえ」

と親戚の人にからかわれたことがある。

人の出入りが多かったから、お年玉の貰いも少なくはなかったと思うのだが、昔は子供がお金を使うことなどもってのほかで、私と弟は母の手でそれぞれの貯金箱の中に入れてもらうだけであった。貯金箱は、私が二宮尊徳、弟が楠正成であった。

父の勤めていた保険会社の創立何十周年記念かに配った品ではなかったかと思う。まがいの青銅で、かなり大きな持ち重りのするものだった。二宮尊徳や楠正成の顔も本物そっくりで、台座の下から中のものが取り出せるようになっていた。

私と弟はこれを本箱の上に飾っていたが、ある時、学校から帰ると、母が楠正成からお金を出している。

月給日の前だったのか、前の晩押しかけた沢山の来客の、おすし屋さんの払いかなにかが足りないので借りるわよ、というのである。前にもこういうことは時々あった。うちの母は陽性な人だし、親にお金を貸すのは、いっぱし認められたようで子供としては晴れがましいことなのだが、目の前で見るのは、やはり妙な気持であった。

楠正成が油断のならない人物のように思えてきた。そういう目で見ると、私の二宮尊徳も、少年の癖にいやに老けたズルそうな顔に見えてくる。ソントク（損得）という名前も気に入らない。子供の頃のこういう印象は拭えないものと見えて、私は今でも銅像を見ると、あの台座の下にお金が入っているような気がして仕方がないのである。

百人一首の中にある赤染衛門《あかぞめえもん》を男だと思っていた人がいる。

友人の男性だが、

「うむ、女か、本当に女か」

と唸っている。

やすらはで寝なましものを小夜《さよ》ふけて
　傾《かたぶ》くまでの月を見しかな

という歌を男が詠むわけはないでしょというのだが、人生五十年、赤染衛門を男と思ってお正月を迎えてきたこの人は、俄《にわか》には納得しがたいといった風である。

なるほど、そういわれて見ると、

明けぬれば暮るるものとは知りながら
なほ恨めしき朝ぼらけかな

という藤原道信朝臣の歌も、男のくせに愚痴《ぐち》っぽいし、

月見れば千々に物こそかなしけれ
わが身ひとつの秋にはあらねど

の作者大江千里《おおえのちさと》もレッキとした男性だが、このまま女性の歌としても不思議はないものがある。

百人中女性は二十一人と聞いているが、昔も今も、物書き歌詠む殿方は心やさしく、女流は男にまさる気性の烈しさを持っているのだろうか。男がごく自然に人間本来の弱みをさらけ出しているのに引きかえ、女は気負い、いま流行りのことばでいえば「突っぱって」いたのかも知れないという気もする。

私も、人なみに物のあわれのわかる年頃になったことだから、一度ゆっくりと歌のこころを嚙みしめながら、百人一首を取ってみたいと思いながらついつい果さずにお正月が終っている。

晴着を着て初詣をしたり、新春顔見世興行のお芝居を見に行ったことは一度もなかっ

たような気がする。

お正月は、おとそ機嫌の年始客を出迎え、履物を揃え、ショールやとんびを預り、とって返してお燗番をし、父に呼ばれれば座敷に挨拶に出る。

酒の湯気にあたったのか、火鉢の炭火の一酸化炭素のせいか、ぼおっと酔ったようになり、夕方になるといつも頭痛がした。火照《ほて》った舌には蜜柑《みかん》が一番おいしかった。

物心ついた時からそんな風だったから、そういうお正月を私も至極当り前と思い、格別親を恨む気持はなかったが、下町育ちで、町方の娘らしいお正月を知っている母は、私を可哀そうに思ったのだろう。小学校三年のお正月に、私を外へ遊びに出してくれた。

「お父さんのお客さまが見えてからだと、お前も出にくくなるだろうから」

と早めに着つけをしてくれ、お友達のところへ行っておいでといわれた。

父の仕事関係の年始客で手いっぱいで、子供の友達を招《よ》んだり招ばれたりは全く無いうちだったから、急に友達のところで遊んでおいでといわれても、急には行くあても思いつかない。

しばらく外に立っていたが寒くて仕方がないので、思い出して、玲子という級友のうちをのぞいてみた。建築の請負をしている大きなうちだったが、座敷に通されて驚いてしまった。

築山のある広い庭を見下ろす中二階の、一番いい眺めのところに子供部屋がある。畳には赤い絨毯が敷かれ、庭に面したところは一面にガラスになっていた。すでに七、八人の友達が集まり着飾った玲子は、琴を弾いていた。子供一人一人に可愛いお膳が出る。両親が先頭に立って女中さんを指揮し、子供の客をもてなすのである。広い邸内は静まりかえって、わが家のような酔っぱらいのざわめきなど聞えもしない。私の知らなかった、静かで豊かなお正月であった。福笑いや双六をして遊びながら、それはそれで楽しいのだが、だんだんと落着かなくなってきた。どうもうちのことが気になって仕方がない。今頃はお客様が一番たてこむ時間ではないのか。母や祖母が天手古舞をし、父がかんしゃくを起して、お正月そうそうから高声を立てているのではないのか。お燗番は誰がしているのだろう。

結局私は、夕方まで遊んでいれば、まとめてうちの車で送って上げるというのを振り切って、一人だけ先においとまをした。当時、私のうちは中目黒にあり、この玲子のうちは元競馬場というところの奥にあった。今はもう住宅がびっしり建っているであろうが、戦前はまだ空地が多かった。そこを私は、運動会の駆けっこのようにうちへ向って走り出した。

「お燗が遅いぞ、何してるんだ！」

と父にどなられながら、火傷《やけど》しそうな指を耳たぶに当てて冷やし冷やしお燗をつける。一年に一度顔を見せるお客様が、ご不浄から戻りしなに茶の間をのぞき、私にお世辞を

いい、お膳を整える母の背中に抱きつくようにして、

「支店長は駄目！　このうちは奥さんで持ってるんだ！」

などという。こういう時、父はどこでどう見ているのか、ぱっと出てきて、

「そうだそうだ」

といいながら、酔った客を引っぱがして座敷へ連れてゆく。母の顔が上気してうす赤くなっている。


人数が予定より増えそうだというので、祖母は、酢のものなどの小鉢ものを、一人前の量を減らしてもう二、三人前増やしている。


酔った客が、ちょっと品の悪い歌を歌い始める。歌詞が危い箇所にくると、茶の間にいる娘の私に聞かせたくないと思うのだろう。父が持ち前の大声で、

「バンザイ！　バンザイ！」

と叫ぶ。


足音がするので中廊下へ出てみると、ご不浄の帰りに座敷と間違えて納戸を開けている客もいる。格別用もないのに父が出てきて、お燗番をしながらつまみ食いをしている私の頭をひとつ、コツンとやってまた座敷へもどってゆく——。

これが私のお正月なのだ。

嫌だ嫌だと文句をいいながら、私はこういうお正月を、嫌いではなかったのだ。

元競馬場の空地を走り抜け、もう一息で大通りというところで、私は裾がからまり転んでしまった。通りがかりのおばあさんが、助け起してくれた。すぐ横の古材木を積んだかげで、私の帯を直してくれた。

「なんて子だろうねえ」

といいながら、垂れ下った帯上げを始末し、

「お正月は駆け出すもンじゃない。福が逃げるよ」

といった。

私は、四柱推命で見ると、駅馬《えきば》という運がついている。これは、職業にしても運勢にしても東奔西走、ひとつところに落着かず絶えず忙しがっている星だという。

元競馬場は、名の通り、以前競馬場のあったところである。目黒記念という名のついたレースは、ここから来ているそうだが、この競馬場あとを晴着を着て走って転んだのは、幼にして、すでに駅馬の兆《きざし》があったということであろう。

あれから四十回近くお雑煮を頂いているが、いまだにゆったりとしたお正月を迎えたことがない。

雑誌編集者から、週刊誌のライター、ラジオテレビの裏方と、駅馬にふさわしく時間に追われる職業がつづき、急ぐから福が逃げたのか、逃げる福を追いかけて急ぐのか、ゆったりした幸せとは無縁の暮しの中で忙しがっている。

いまでもお三箇日《さんがにち》のテレビなどで、琴の合奏を耳にすると、四十年前の、玲子が弾いていた情景が目に浮かんでくる。シンデレラが、一夜だけ舞踏会に出かけたように、あれはわが生涯でたった一回の場違いなお正月であった。

さきに新春顔見世のお芝居など一度も出かけたことはないと書いたが、あれは間違いである。思い出したら、一回だけ、お正月に芝居を見に連れていってもらったことがあった。だしものは「忠臣蔵」である——。

というと聞えがいいのだが、これが猿芝居なのだから嫌になってしまう。

たしか宇都宮に住んでいた時分だから、私が小学校に上るか上らないかの時だった。どこのどういう劇場だったのか思い出せないのだが、二匹の猿が「お軽勘平」を演じていた。

勘平の猿はカミシモをつけ、刀を差している。お軽は、頭にかつらをくりつけ、派手な着物を着ていた。この二匹が時々歯をむき出してうなったり、お客のほうった南京豆に気が散って猿使いにぶたれたりしながらも、かなり上手にお軽勘平の道行と切腹の場をやるのである。

ただ、どういうわけか、勘平になった猿はなにかあると飛び上る癖があり、切腹の最中で、刀をおっぽり出して五十センチも飛び上って見物を大笑いさせていたが、生れて初めて芝居を見る私には、ただ珍しく面白く、それこそ時のたつのを忘れて眺めていた。

よく見ると、猿達の衣裳はうす汚れていた。役者が自分で嚙み切るらしく破れ、乱雑なつくろいのあともあった。猿はやせて毛並みが悪く、演技のあい間を盗んでみかんや南京豆をひろってはせわしなく口に入れていた。それでいて、どうして教え込んだのか、お軽は勘平に抱きついて別れを惜しんで手を顔に当てて泣き、勘平は、刀を腹に突き差すまねをすると、コロンとひっくりかえって身を震わせて悶絶《もんぜつ》するのである。

あまりのことにびっくりして、私はその晩うちへ帰って熱を出してしまったのだが、思えば、これが私が初めて出逢った演劇であった。

同業の先輩方に初めて見た芝居のことを伺うと、皆さんイプセンであり、シェークスピアでありブレヒトである。私のような、猿芝居の「忠臣蔵」という方は一人もおいでにならない。

どうもこのあたりから、人間の格というか書くものの位が決ったような気がしてならないのである。

「人間はその個性に合った事件に出逢うものだ」

という意味のことをおっしゃったのは、たしか小林秀雄という方と思う。

さすがにうまいことをおっしゃるものだと感心をした。私は出逢った事件が、個性というかその人間をつくり上げてゆくものだと思っていたが、そうではないのである。事件の方が、人間を選ぶのである。

そう考えると、猿芝居の新春顔見世公演「忠臣蔵」も、まさに私というオッチョコチョイでバ、喜劇的な個性にふさわしい出逢いであった。

あだ桜

お伽噺《とぎばなし》というのは、大人になってから読むほうが面白い。
手許に、古本屋で見つけた昭和十年の尋常科用小学国語読本巻三があるので、開いてみる。

　一寸ボフシ

オヂイサン　ト　オバアサン　ガ　アリマシタ。
子ドモ　ガ　ナイ　ノデ
「ドウゾ　子ドモ　ヲ　一人　オサヅケ下サイ」。
ト、神サマ　ニ　オネガヒ　シマシタ。　男ノ子　ガ　生レマシタ。　小指　グラヰノ　大キサ　デシタ。　アンマリ　小サイ　ノデ、　一寸ボフシ　ト　イフ名　ヲ　ツケマシタ。

ここまで読んで、子供の頃には気がつかなかったことに気づいて、ドキッとする。一寸法師の母親は、おばあさんだった。おばあさんというのは、絶対に子供を生まないものだと思っていたが、例外もあるらしい。

小指ぐらいの大きさなら、未熟児だったのか。この時、おばあさんは幾つだったのだろう。恥かきっ子といわれて、きまりの悪い思いをしたのではないか。それにしても、この国語読本を書いた作者はなかなかの文章家である。

オバアサン　ハ　男ノ子　ヲ　生ミマシタ。

という直接的な表現をせず、

神サマ　ニ　オネガヒ　シマシタ。男ノ子　ガ　生レマシタ。

まるで、神様が生んだように品よくぼかしてある。昔の子供はおくてだったせいか、何も不思議に思わず、大きな声で朗読していた。今から考えれば、子供を生める年なら、

オジサン　ト　オバサン　ガ　アリマシタ。

というほうが正しいように思うが、お伽噺にはオジサンとオバサンよりもオジイサンとオバアサンのほうが似合うのであろう。

そういえば、日本のお伽噺の主人公は殆《ほとん》どが老人である。「一寸法師」「桃太郎」「浦島太郎」「かぐや姫」「こぶ取り」「かちかち山」「花咲かじいさん」。

いずれも、おじいさんおばあさんと赤んぼうであり、老人たちと身近な動物達のメル

ヘンである。血気盛んな壮年男女は殆ど姿を見せていない。したがって外国のお伽噺のように、美しいお姫様と、凛々《りり》しい騎士のロマンスは、かぐや姫にほんの少し匂うぐらいで、あとは色模様は抜きである。そのせいだろうか、異形《いぎょう》の者が登場し、ＳＦや超能力、裏切りから人殺しまで行われても、さほど陰惨な感じがしない。よく考えてみると、実に恐ろしいはなしが多いのだが、

「昔昔あるところにおじいさんとおばあさんがありました」

というお決りの語り口の中で、生臭い血の匂いは消えてしまうのであろう。

お伽噺の中で、一番心に残るのは「桃太郎」である。今でも「桃太郎」といわれると、目の底に一枚の写真が浮かんでくる。

父、母、祖母、弟や妹達が食卓にならんで、朝ごはんを食べている。小学生の私は、お櫃《ひつ》の上にノートをひろげ、国語の教科書を見ながら「桃太郎」の全文を写し取っている。登校の時間は迫っているのに、まだ宿題は大方残っていて、私は、半ベソをかきながら書いている。

「どうしてゆうべのうちにやって置かない。癖になるから、誰も手伝うことないぞ」

大きなごはん茶碗を抱えた父がどなっている。祖母は、いつものように殆ど表情のない顔で、そばの青い瀬戸の大きい火鉢で海苔《のり》をあぶり、大人は八枚に切り、子供はそれ

を更に二つに切ったのを、海苔のお皿とよんでいた九谷の四角い皿に取り分けている。母は、

「落着いてやれば間に合うんだから、落着きなさい」

といいながら、お弁当をつめたり、お代りをよそったりしている。ごはんのお代りのたびに私はノートを持ち上げ、手を休める。お櫃のふたをとると、鼻の先に赤んぼうのおむつを開けた時のような湯気が立ちのぼった。勉強机もあるのにどうしてお櫃の上で宿題をやったのか、理由はわからないのだが、心細くて自分の部屋ではやっていられなくなったのだろう。

この時の宿題は、間に合ったのかどうか記憶にないのだが、丸いお櫃の机がひどく書きづらかったこと、おなかのあたりがポカポカとあたたかかったことは今でも薄ぼんやりと覚えがある。祖母が、奥歯を嚙みしめるような顔をしながら、たわしを使って疳性に洗うせいか、お櫃の赤銅《あか》のたがは、顔がうつるほどに光っていたし、木の肌は、洗い抜かれてささらのように磨滅《すりへ》っていた。

私は、満二歳にならないうちに弟が生れたので、この祖母と一緒の部屋に起き臥《ふ》しをし、お伽噺もこの祖母から聞いている。当時の女にしては長身で、やせぎすの顔立ちの美しい人であったが、姿形にも性格にもおよそ丸みというものがなく、固くとがっていた。

私の三尺帯の結びかたひとつでも、息がつまるほど、強く結ぶのである。お結びも母のはゆるやかな丸型だが、祖母のはキッチリと結んだ太鼓型で、

「お母さんのは、あれはお結びじゃなくて、お崩れだ」

と、小さな声でいっていた。

成程、祖母のお結びは滅多なことで形崩《かたくず》れしなかったから、遠足には都合がよかったが、水筒の栓も、ギュッと締めるので、子供の力では開かなくなり、いつも先生のところへもっていって開けてもらっていた。

この祖母は、一向一揆《いっこういっき》の本場である能登の生れだったせいか、熱心な仏教徒で夜寝るときは必ずお経を上げていた。私もおつきあいをさせられたのだが、この桃太郎の宿題でベソをかいたすぐあとだったと思う。お経が終ってから仏壇の前で私に歌を教えてくれた。

明日ありと思ふ心のあだ桜
　夜半に嵐の吹かぬものかは

親鸞《しんらん》上人の作といわれているが、これがわが人生で最初に覚えた三十一文字《みそひともじ》である。

祖母は、「おぼくさん」と呼んでいた仏壇に供えたごはんを私に食べさせながら、この歌の意味を話してくれた。

「おぼくさん」は、朝、ごはんをお櫃に移す前に、真鍮《しんちゅう》の仏様用の小さな容器に山盛り

に盛りつけ、お水と一緒に上げるのである。夜には固くなり、線香の匂いがしみついて、お世辞にもおいしいものではなかったが、祖母は、ご利益《りやく》があるといっては、必ず私に半分を呉れ、自分も女にしてはしっかりした骨太の掌《て》に受けて食べていた。食べ終ると、私は祖母が仏壇の小抽斗《こひきだし》から出してくれる桃の形をした小さい扇で、灯明を消し、ギイと戸をきしませて仏壇の戸をしめて、祖母と私の一日が終るのである。

祖母は、歌の意味を教え、宿題は必ず前の日のうちに済ませて置かなくてはいけない。夜中にどんなことが起るかも知れない、といってきかせてくれた。

遊び好きで面白いことをまず先にしてしまい、あとになって時間が足りなくなってあわてる私の性格を、すでにして見抜いていたことになるのだが、この頃になって、私のこの性格は、父でもなく母でもない、この祖母からゆずりうけたものであることに気がついた。

祖母は、今の言葉でいえば、未婚の母であった。父親の違う二人の男の子を生み、その長男が私の父である。したがって、私自身のホームドラマには、祖父は、欠落して、姿を見せない。年をとってからは、よく働く人であったが、若い時分は遊芸ごとを好み、母が嫁いできてからも、色恋沙汰のあった祖母であった。

見たい芝居、着たい着物、食べたいもの、そして好きな人には、自分の気持を押えることが出来ず、あとさきの考えなくそれを先にしてしまう。あとから、倍の苦労がくることを考えないところがあったらしい。
長男である父はそういう母親を最後まで許さず、扶養の義務だけは果して死に水を取ったが、終生、やさしい言葉をかけることをしなかった。祖母も期待はしていなかったろう。そういうあきらめのいいところがあった。
「やったことはやったことなんだから、仕方がないよ」
というように、弁解もせず愚痴や恨みごともいわず、家族より一歩下って、言葉少なに暮していた。
この頃になって、私は祖母が、くどいほどこの歌を繰り返して私に教え、毎晩のようにそらんじさせたのは、ひょっとしたら自分にいってきかせていたのではないかと思うようになった。
末の妹に、「浦島太郎」のはなしをしているのを横で聞いた記憶がある。
祖母は、浦島太郎が竜宮城へゆき、乙姫様のもてなしを受けたはなしをしてから、
　鯛やひらめの舞い踊り
　ただ珍しく面白く
　月日のたつのも夢のうち
という浦島太郎の歌を義太夫で鍛えた低い声で歌ってから、浦島太郎が亀の背中にのって浜辺へ帰り、あけてはいけない玉手箱をあけるところで、

「浦島太郎は、白髪のおばあさんになってしまいましたとさ」

といったのである。

私は、

「おばあさんでなくて、おじいさんでしょ」

といったが、ほどきものをしていた祖母は私の声が耳に入らぬらしく、和バサミを持った手をとめ、この人にしては珍しく放心した顔で返事をしなかった。

若さにまかせ、気持にまかせて、好きに振舞い、まだ大丈夫とたかをくくっているうちに髪に白いものがまじり、時間が足りなくなって取り返しがつかなくなる。祖母は、自分にいいきかせる形で、私に教えてくれたのだ。

暗い夜の仏壇の前でのこの歌は、かなりの迫力で私の気持に沁《し》みついた筈なのだが、では、この教訓は守られたかといえば、全く反対である。以来、夜半に嵐は吹きっぱなしである。

幸か不幸か、私は女として祖母ほどの器量も度胸も持ち合せていないので、未婚の母どころか、そちらの方は全く実績が上らず、迷惑はもっぱら仕事の原稿の締切の方に掛けている。

なまじ書くのが速いとうぬぼれているので、ぎりぎりまで遊んでしまう。夜中から、取りかかるつもりでいると、そういう時に限って何やかやと突発事故があって、間に合わなくなる。これは、前のはなしだが、いよいよ間に合わなくなってあるテレビ局の印刷所の窓口で書いたことがあった。いつもなら、「どうぞ」と中へ入って書くように言って下さるのだが、その時に限って事務室の配置替えがあるらしく、机を廊下に出したりして、それどころではない。

今から喫茶店を探したのでは間に合わないなと思って、あたりを見廻すと、玄関の前に停《とま》っているオート三輪の荷台が目についた。風呂敷に包んだ荷物がのっているが、高さは、立ったまま、寄りかかって書くのに丁度いい。早速拝借してつづきを書き始めたのだが、十五字ばかり書くとガクンと段があって書きにくいことおびただしい。が、贅《ぜい》沢《たく》はいっていられない。原稿用紙を移動させながら走り書きで、あと一枚で出来上りというあたりで、後ろから声をかけられた。

「まだでしょうか。みんな待ってるんだけど」

私が机代りにしていたのは、印刷所の皆さんのおひるの箱弁当だったのである。そういえば、おなかのあたりが、ポカポカと温かかった。

小学生の時に、お櫃の上で、泣き泣き「桃太郎」の宿題をしたことを思い出した。明日ありと思う心は、四十年たっても少しも変っていないのである。

こんなこともあった。

小学校三年の夏休みを、私は母や祖母と奥多摩の旅館の離れで過した。大病をしたので、その保養もかねて行っていたのだが、いよいよ明日は新学期というので東京へ帰る車の中で、私は泣き出してしまった。

夏休み中に九九《くく》を覚えてくること、という宿題を思い出したのである。

東京から迎えにきた父が、車中、必死で、二二が四、二三が六と東京まで九九を教えてくれた。

「このへんは鳩ノ巣というんだ」

という父の言葉を、私は泣きじゃっくりをしながら聞いた記憶がある。

今でも、新番組の企画会議や、台本打ち合せにテレビ局へ出向く時、前の晩遊んでしまった罰で何の用意もなく、青山から赤坂までの短い車中で目を白黒させながら考えるのだが、その時に思い出すのは、この奥多摩からの帰り道の、車の中で泣き泣き覚えた九九なのである。

人生の折り返し地点をはるかに過ぎ、残された明日は日一日と少なくなっているのに、まだ明日をたのむ気持は直っていない。さしあたって一番大切な、しなくてはならないことを先に延し、しなくてもいいこと、してはならないことをしたくなる性分は、かえって年ごとに強くなってゆくような気がする。

突拍子もないいい方だが、豊臣秀吉とか田中角栄とか、一代にして急上昇した人は、決してそういうことのない人なのではないか。今、何をすべきか、鋭いカンでかぎわけ、いや、かぎわける前に、体がひとりでに動いてそれを実行している人なのだろう。

礼状を書かなくては、お見舞い状を出さなくてはと思いながら一日延しにする。不義理は重ねるほど気が重くなり、ますます日が延びる。口当りのいい、面白おかしいことを先にして、気の重さをごまかし、まだ大丈夫、明日があると思っているうちに、老眼となり、髪を分けると、白いものがまじりはじめる。今まで何ともなかった地下鉄から地上へ出る階段で息が切れるようになる。

ああ、と溜息をついているうちに、雨が降り、風が吹いて、今年の桜も、散ってしまった。

四十年前の、はじめて、あの歌を教えてもらった夜も、風が強かったような気がするが、これはあとから私の気持がつけ加えたイメージかも知れない。

それはそうと、あだ桜というのは、どんな桜なのであろう。おぼろげに意味を判ったつもりでいたが、一度よくしらべてみようと思いながら、これも先に延していた。

広辞苑を引いてみたら、

「あだざくら〔徒桜〕はかない桜。散りやすい桜」

とあった。ことのついでに「おぼくさん」というのも引いてみた。

子供の時からそう呼んでいたのだが、どんな字を書きどんな意味があるのだろう。ところが、どの辞書、字引きをしらべても、「おぼくさん」というのはのっていない。やっと判ったのだが、これは「おぶくさん」を間違っていっていたものらしい。

「おぶく〔御仏供〕仏への供物」

こんな小さなことも、一日延しに延して、はっきり判るまでに桃太郎の昔から数えると四十年が経《た》っているのである。

車中の皆様

その晩は、乗った時から調子づいていた。深夜になってやっとラジオの台本が書き上り、銀座裏にあるタイプ印刷の店へ届けた帰りであった。客の弾んだ気持は、ハンドルを握る側にも伝わるとみえて、中年のタクシーの運転手がしきりに話しかけてくる。

「お客さんは何する人かね」

この商売を二十年もやっていると、うしろに坐る人間の職業は大抵見当がつくものだが、お客さんだけは判らないというのである。

「普通の奥さんじゃあねえなあ」

彼はチラチラとバックミラーに目をやりながら、

「バーのレジやる人かな」

器量と歳を見てホステスでないと踏んだのは正しいが、かなり違っている。

「顔と頭、かまってねえとこ見ると、女医だなあ」

こんなところを皮切りに、染色家、画家、料理研究家、新聞記者、犬のトリマーまで飛び出した。職業に関しては当らずといえども遠からず、とボカしたが、どうやら言葉の端々から、私が亭主も子供もない独り暮しと察したらしい。

「これから帰ってなにすンの」

純朴な声が親身に心配してくれる。

「そうねえ。こういう時、男なら、行きつけのバーでいっぱいやって帰れるけど、女は不便ねえ。シャワー浴びて、ビールでも飲んで寝るわ」

旅の恥は掻き捨てに似た気持で、チラリと本心を洩らしながら、降り支度を始めた。夜、タクシーで帰る時は、いつもそうするように、左手にアパートの鍵、右手に五百円札を握って、

「ご苦労さま」

と声をかけ、料金を渡すと、運転手はグウッと、咽喉《のど》の奥がつまったようにうなり、カスレた低い声でこういった。

「いいのかね」

「いいわよ、どうぞ」

たかだか四十円だか五十円のチップである。咽喉をつまらせて念を押す程の金額では

ない。しかし、運転手はもう一度、念を押すのである。

「お客さん、本当に真に受けても、いいのかね」

「大袈裟にいわないで下さいよ。こっちが恥ずかしいわ」

と笑いかけてハッとした。右手に五百円札が残っている。間違えてアパートの鍵を運転手に手渡してしまったのである。

平謝りに謝り、タクシーがタイヤをきしませてターンする音を聞いてから部屋の鍵を開けながら、こういうセリフを聞くのは二度目であることに気がついた。

テレビの台本書きの仕事を始めて間もなくのことだったが、局のプロデューサーから電話があり、新番組の打ち合せをしたいので訪ねたいという。茶菓《さか》の支度をしていると、チャイムが鳴った。少し早いなと思いながらドアを開けるとプロデューサーが立っている。思ったよりずっと若い。辣腕《らつわん》と聞いていたが、はにかんで口ごもりながら立っている。

「どうぞお上り下さい」

スリッパを揃えると、彼は、

「いや、ここで結構です」

という。新番組の打ち合せを玄関先で立ったままというのは聞いたことがない。女のひとり暮しなので遠慮しているなと思い、わざとざっくばらんな感じで、

「ここじゃはなしにならないでしょ。上ってお茶でも飲みながら……。私は夕方まで空《あ》いてますから」

腕を取らんばかりにしたところ、彼は咽喉のつまったような声でこういった。

「奥さん、本気にしていいんですか」

そして、閉めかけたドアの向うに、新聞などで見覚えのあるプロデューサーの顔が見えた。

たまたま一足先にベルを押した、訪問販売の化粧品のセールスマンをプロデューサーと間違えたのである。


自分の車を持たないので、一日一回はタクシーのお世話になっている。考えてみると、毎回、違った運転手さんと、或る時間二人きりで密室の中で過すわけである。私の粗忽《そこつ》からきまりの悪い思いをしたこともあるが、心に沁みる話を聞くことも多い。

この間、現職の警察官が制服姿で女子大生の部屋を訪ね、乱暴して殺してしまうという事件のすぐあとで乗った車がそうだった。ラジオのニュースが、この事件の詳細を伝えていた。運転手は、そのニュースが終ると、スイッチを切った。

「悪いことやるんなら、制服脱いでやって頂戴よ」

私は少し興奮していた。私だけでなく、あの当時は日本中が興奮していたと思う。私は運転手の相槌を期待したが、初老の運転手は黙っていた。しばらく黙って車を走らせてから、ぽつんといった。

「今度の場合は違うよ。今度は違うけど夏場なんか廻る方も大変だそうだよ」

運転手は、ネグリジェがいけないという。昔、日本の女は、夜寝る時、あんな物欲しそうな派手なピラピラは着なかった。もっと慎み深い寝巻を着たし、行儀もよかった。ところがこの節はどうだ。女のひとり暮しが増えたこともあるが、窓をあけ、大の字になって寝ているので、巡回の若い警官など、目のやり場に困るというのである。

「わたしの友達にも、いるんだよ。夜、巡回してて、魔がさしたのが……」

「殺してしまったの？」

私の声は、うわずっていたと思う。

「結婚したよ」

それしか、「て」がなかったんだろうなあ、と彼は大きな溜息をついた。

「よかったじゃないの。出だしはそういう事情でも、結構しあわせに暮してる夫婦はいるっていうわよ」

「相手が普通の女ならね」

結婚式の日、花嫁は洟《はな》をたらしていたという。ちょっと頭のゆっくりした娘であったらしい。それでも二男二女をもうけた。ぼつぼつ停年だというが、掃除洗濯がやっという妻なので、夫婦らしいはなしをしたことはただの一度もないという。

「夜はひとりで碁を打ってるよ。あれも男の一生だなあ」

車を降りてからも、運転手のこのひとことが頭を離れなかった。

二年ほど前になるだろうか。

ロッキードの証人喚問で日本中が湧いている時、芝で乗ったタクシーの運転手も忘れることが出来ない。

カー・ラジオは、一代で巨億の富を築き、政界の黒幕といわれる人物の声を流していた。問題の国会議員たちをなまりのあるいい方で「先生」と呼び、老獪《ろうかい》に受け答えをするその声を聞きながら、運転手は、荒っぽくハンドルを切った。白いものがまじる後頭部を見ながら、この歳の人にしては荒い運転だな、と思った時、運転手が口を切った。

「こいつと小学校の同窓なんですよ」

小作人の伜《せがれ》でね、と当時は自分の方が遥かに上だったと力をこめていい、

「勉強は出来なかったが、ずるかったねえ。油断も隙もないところがあったですよ」

自分は、五十年間、真面目に働き通した。だがまだ住む家もない。働けるうちに、掘っ立て小屋でもと金を算段しているのだが、どうにも工面がつかない。

「今の世の中、人を泣かさないでやってると、これで当り前ですよ。億なんて金握れる

方がおかしいよ。そう思いませんか、お客さん」

同じ小学校に机をならべ、「ハナ、ハト、マメ」を習った同窓生が、一人は日本一の富豪、一人はタクシーの運転手。そして、その成功者の失墜の声を、彼は街を走りながら聞いているのである。

「でも、何十年ぶりに声聞くわけでしょ。少しは懐しいんじゃないんですか」

「懐しくなんか、ないね」

ねずみ色のジャンパーの背中は少し無理をしているように見えた。


車の中のステレオやラジオは楽しませてもくれるが、当惑させられることもある。いつぞや乗ったタクシーのカー・ラジオは、あれはどこの局なのだろう、医学の時間で婦人科の患者の電話相談を流していた。病気だから、相談する方も、なりふりかまっていられないと見えて、日頃女は口にしない部分の名称をハッキリと口に出して症状を訴える。医師もそこはもとより職業だから、もっとハッキリと具体的にたずねる。困ったなと思って気がつくと、さっきまで軽口を叩いていた運転手が、妙に押し黙っている。まだ若いらしく、首筋の粗い皮膚には、大きなにきびが吹き出ている。

さりげなくダイヤルを廻してくれればいいのだが、意識したらしく、体をかたくしてハンドルを握っている。意識するとこちらも切り出しづらくなり、間の悪い時間が流れた。すぐ終ると思った相談は女性の患者がなかなか受話器を置かず、まだ長くなるらしい。お天気もいいし、目的地も近くなっていることから、降りて歩くことにした。

「ここでいいわ。降ろして下さい」

彼はいきなりドアをあけた。歩道寄りにドアの外側にいたスクーターの出前持ちが、不意に開いたドアのあおりで、歩道の柵に叩きつけられるようにつんのめった。岡持がころがり、丼からあふれたラーメンが道いっぱいに散乱した。

タクシーの運転手の中でも特に個人タクシーは、一匹狼というか一国一城の主《あるじ》のせいか、個性的な人が多いような気がする。個人タクシーの個は、個性の個ではないかと思うほどである。

アルバム・タクシーというのがあった。五十五、六の運転手だったが、うしろに何冊もアルバムを載せている。それがみな自分の家族と旅行に行った時のスナップなのである。

半ば強制的に拝観させられる。

旅行が趣味で、日頃から無駄をつつしみ、休暇をとっては、日本中の名所や温泉へ旅行する。奥さんと二人だけの時もあり、成人した二、三人の子供と一緒の時もある。揃いの丹前を着て夕食の膳にすわるところや、かくし芸を踊るところ、岩風呂に入っているところもあった。アルバムには、スナップだけでなく、旅館の案内や箸袋、名所旧跡の入場券などがキチンとスクラップされており、かかった費用の一切が、その日のお天気と一緒に実に几帳面に書き込まれていた。

彼は、その一切を諳《そら》んじており、私にこの中のどことどこへ行ったことがあるかとたずね、私がほとんど不案内であると答えると、

「あんた、損してるよ」

という。

「人間、ひとつ所にじっとしてちゃ駄目だ。外へ出なくちゃ」

なるほどと思った。職業柄、随分走り廻るように見えるが、ひとつ箱の中にいて、自分で運転するのでは、動くことにならないのだろう。人の動かす乗物で、彼は外に出たいのであろう。その証拠を人にみせることで、幸せを反芻《はんすう》しているように見えた。私は五冊ほどのアルバムを感心して見せてもらい、丁寧に礼をいって車を降りた。

「あんた、オーバーに毛皮の衿なんかつけるのもいいけど、旅行に出かけなさいよ」

運転手は、人の好い笑顔を見せて走り去った。

乗ったとたんに、貯金の金額をたずねられたこともある。いかに見知らぬ相手とはいえ、さすがにいいよどんでいると、それは、自分のことを話すキッカケに過ぎないらし

く、運転手は、自分の通帳の金額をいった。自慢するだけあって、かなりの額であった。

「そのほかに木造だけどアパートを二軒と、女房に店やらせてるよ」

という。自分もいったんだから、お客さんもいいなさいよ。降りるまでに何度もそういわれ、仕方なく私も答えた。死んだ時の父の歳と同じ位かな、と思いながら、その人よりはるかに少ない金額をいうと、ちょっと嬉しそうに笑った。

「金ってのは、ありそうでないもんだねえ」

テンポイントが骨折した直後に乗ったタクシーの運転手は、馬のひづめのオーソリティであったし、東京の夕焼けの眺めのいいところをみんな知っている、という夕焼け評論家にも出逢った。あれはいつ頃だったか、運転手は首筋で決るんだ、という意見を聞かせてくれた人もあった。

仲間うちで自動車強盗にあったのがいた。うしろからやられて重傷を負ったのだが、あとで捕まった犯人が白状をしたという。前にも、二、三台狙ったのだが、運転手ががっしりした太い首をしていたので、気後れして諦《あきら》めたというのである。

被害者はほっそりした首筋の人だったという。

「うしろから同じにガシャーンとやられても、首の太い奴は、鞭打ちが軽くて済んでるね。そのせいか運も強いや」

話してくれた運転手も、ジャン・ギャバンのように太い首をしていた。それからこっち、私は車に乗ると、無意識のうちに運転手の首筋をチラリと見るようになった。

一日に平均一回乗るとして年に三百回以上である。十年で三千人を上廻る運転手さんのお世話になっている勘定になる。距離が近かったりすると、ブスッとして口をお利きにならない方もありで、全部の方と親しく話をしたわけでもないが、それでも、車中の皆様とのやりとりはかなり面白い。このセリフを覚えて置こう、この人の名前を覚えて置こうかなと思うことも時々あるのだが、タクシーというのは不思議なもので、降りたとたんに、ふっと別の世界のことのように思えて忘れてしまう。タクシーが走り去るのと同じように記憶も遠ざかってしまうものだ。向いあって顔を見、目をのぞき込んで話さないということもあるのではないか。話の中身やその人となりに感銘を受けても、それは、後姿の、肩や首筋の語る印象なのだ。あとで思い出そうとしても、どうも摑《つか》みどころがない。今、ここに書いたのは、そんな中で心に残る何人かの車中の紳士方のエピソードである。

ねずみ花火

岸田劉生《りゅうせい》晩年の作に「鵠沼《くげぬま》風景」という日本画がある。

十年ほど前に、売立《うりたて》会でこれを見て一目で気に入ってしまい、身分不相応を承知で何とか手に入れたいとジタバタしたのだが、もう一息というところで値段の折り合いがつかず涙を呑んだことがあった。

最近になってこの類品《るいひん》を見つけ、また虫が起って聞いてもらったが、もう私如きの手に負える金額ではなかった。

軸ものの小品で、劉生が宋元画に傾倒していた時期のものらしく、縦長の画面いっぱいに川が流れ、水辺で戯れる子供たちは唐子《からこ》のように見える。

なぜこの絵に執着したのか、なけなしの貯金をはたいてまで買いたいと思ったのか、その時は気がつかなかったのだが、ふっと霧が晴れるように理由がわかった。私は三十五年前にこの「鵠沼風景」と同じ構図を見ているのである。

それは景色でも掛軸でもない。黒繻子《くろじゅす》の帯であった。

その頃、私は四国の高松に住んでおり小学校六年生だったが、学校の帰りに必ず覗《のぞ》くうちがあった。路地に面した小さなしもた屋で、看板も何も出ていないが日本刺繍の下請けをやっているらしく、細い格子のはまった出窓から覗くと、四、五人の職人が木枠を前に手を動かしているのが見えた。

薄暗い畳の上を細い木の筒に巻いたヌメッと光る色とりどりの刺繍糸が走り、御所車や牡丹や揚羽蝶が気の遠くなるような丹念な一針一針で埋められてゆく。

職人たちは殆ど口を利かなかった。聾唖《ろうあ》者ばかりを集めたのかと思ったほどだった。

特に窓ぎわに近い場所に坐る男は物をいわなかった。艶のない皮膚や陰気な顔立ちから私は年寄りだと思っていたが、見馴れるうちにかなり年の若い青年だということが判った。

彼は黒繻子の帯地に唐子を刺繍していた。

先の尖った支那靴で毬《まり》を蹴り合ったり小枝で狗《いぬ》を追ったりする唐子たちは、刺繍とは思えないほど生き生きと遊んでいた。彼は覗き込む私を時々、強い視線でにらみつけた。私は光線をさえぎっているのか、と気を遣いながら、二人三人と出来上ってゆく唐子の姿にひかれて、毎日ランドセルを背負って覗き込んでいた。

彼のにらみつける目つきは相変らずだったが、日を重ねるにつれて、私が見易いように体をずらしてくれるようになった。何日ぐらい通ったのか、黒い帯地いっぱいに唐子が遊び、もう今日あたりは出来上りかなとこちらまで心が弾んで路地を曲ると、彼が往来で水を撒《ま》いていた。

びっくりするほど背が低く、提げたバケツがいやに大きく見えた。歩くたびに肩が右左にかしいで揺れ、片足は萎《な》えていた。

立ちすくむ私に彼は柄杓《ひしゃく》で水をぶっかけた。水は烈しい勢いで、うすい紺色の夏のセーラー服のスカートを濡らし足元まで滴《したた》った。私はそのままうちへ帰った。

次の日からはもう覗かなかった。もともとこの路地は、廻り道だったから、登校下校はいつもの別の道を通ればよかった。

夏休みが終って新学期になった。

私はまたあのうちを覗いてみたくなった。彼ももう怒ってはいないだろう。ところが、いつもの窓ぎわの席に彼の姿はなく別の職人が坐っている。職人たちは珍しく手を動かしながらしゃべっており、「葬式」とか「香典」とかいっている。話の具合では、あの青年はお盆休みに田舎へ帰り、そこで死んだらしい。

ダブダブのズボンの下からのぞいていた彼の萎えた片足と、華やかな色の支那靴で毬を蹴り上げて遊ぶ唐子たちの生き生きとした足の表情が浮かんできた。自殺したんだ。

自殺に決っている、と子供心に決めこんだのは、その時分から味を覚えた小説の読み過ぎのせいかも知れない。次の日からは学校がひけるとまっすぐにうちへ帰った。唐子の黒繻子の帯は到頭出来上りを見ずに終った。

鹿児島に転勤してすぐだから、私が小学校四年生、弟が二年生の時だった。弟の同級生で富迫《とみざこ》君という少年がいた。弟は内気なたちで、転校するとなかなか友達が出来ないのだが、この富迫君とはすぐ仲よくなった。

弟も小柄だったが富迫君はもっとチビで、顔も目玉も声もすべて小さい子供だった。面差しが鼠に似ていた。弟と一緒に学校から帰って、ランドセルを置きに子供部屋に入ると、梁《はり》から鼠が顔を出したことがあった。

「あ、富迫君」

と私がいったら、弟は物もいわず草履袋で私を引っぱたいた。

富迫君は父親がなく、母親と二人暮しだった。ゆとりのない暮しとみえて、身なりもみすぼらしかった。

父は富迫君を可愛がった。身勝手な人間で、自分の仕事関係の客は無理をしてでももてなすが、子供の友達などうるさがった人だが、富迫君だけは別だった。父は、父親を知らない自分を、親戚から村八分にあいながら、母親の賃仕事で大きくなった惨めな自分の少年時代を彼の上に重ねて見ていたのだろう。

汗ばむ季節だったから、初夏だったのか夏の終りだったのか。日曜日の一日を父は私と弟を連れて吹上浜というところで遊んだ。富迫君も一緒だった。富迫君は、黒っぽい風呂敷に弁当を入れて斜めに背負ってついてきた。おひるにあけたのを見ると、自分の頭より大きい海苔を巻いた握り飯だった。父はその握り飯を自分で食べ、富迫君にはうちから持ってきた海苔巻を食べさせた。水筒に入った甘い紅茶を自分でついでやっていた。

吹上浜は、薩摩半島の、鹿児島市の真裏にあたる砂丘である。

真白い大小の砂の丘が、見渡す限りひろがって、その果てに波打ちぎわがあった。お弁当をすませた弟と富迫君は角力《すもう》をとっていたが、組み合ったまま、ゆるやかな砂の斜面をごろごろと下へ転げ落ちた。落ちたところで、なおもふざけながら、坊主頭の砂をはらい合っては笑っている。

父も笑いながら見ていたが、不意にハンカチを出すと眼鏡の曇りを拭きはじめた。父は泣いているようだった。

それからしばらくして、弟は学校から帰るとランドセルを母に渡しながら、

「富迫君のお母さんが死んだよ」

といった。

その夜、父にいわれて、私と弟は祖母に連れられてお悔みにいった。

富迫君のうちは、ゴミゴミした路地の更に奥にあり、ぬかった道に板が渡してあった。一間きりの家にみかん箱を引っくりかえして風呂敷をかぶせた粗末な祭壇がしつらえてあり、富迫君がポツンと坐っていた。弟の顔を見てニコッと笑った。祖母は口の中で経文を唱え、長いこと手を合せていた。坐っている富迫君の頭の上に、誰かのお古なのか、端がすれて白くなり、片側がめくれ上ったランドセルがひとつかかっていた。

生れてはじめてお通夜に行ったせいか、私は富迫君のお母さんに逢ったことはないのだが、前から知っていた親しい人に死に別れた気がして、泣きたいような気持で、またぬかるみに渡した板の上を通って帰ってきた。

今でも「お通夜」と聞くと、この鹿児島の一夜が目の底に浮かんでくる。花もなくお経も聞えず、供えものすらなかった寂しいお通夜だったが、今思い返すと妙にすがすがしく懐しい。

お通夜や葬式に、冷たくこわばった金銀の飾りものの花や物々しい祭壇で飾り立てるようになったのはいつからか知らないが、あの何もないお通夜には、貧しくとも切実な人と人の別れがあったような気がする。このすぐあと私達一家は鹿児島を離れたので、それ以来富迫君の消息は判らなくなってしまった。

昔の女学校というのは、今にくらべると随分のほほんとしたものだったが、それでも戦争が終った頃は緊張したものが校内に漂っていた。

アメリカ軍が、武器は残らず供出せよというので、薙刀《なぎなた》をひとまとめにして束ね、講堂に集めた。ついこの間まで女子の魂ですよといわれ、天地逆さまにしたり杖代りにしてふざけたりするとひどく叱責されていたのが、今は紐でくくられて、薪ざっぽうのように転がされている。

MPも、アイスホッケーの役にも立たない数百本の薙刀は、受け取っても困ったとみえて、長いこと体操道具を置く物置で場所を取っていた。

先生方の地図も微妙にかわり、幅をきかせていた修身の先生に代って、遠慮勝ちに工場動員の事務を手伝っていた英語の先生が、リーダーを小脇に冗談をいいながら渡り廊下を歩くようになった。

そんな中で西洋史の芹沢先生だけは同じであった。

未亡人で中学生の息子さんと二人暮しといわれたから、三十七、八になっていらしたのか。日本人離れのした理知的な顔に眼鏡が似合っていた。今のことばでいえばクールというのだろう。身なりにも物腰にもベタついたところがない方だったが、私は芹沢先生が講義のあい間にチョコッとはさむ何気ない世間ばなしが大好きだった。

今でも覚えているのは十字軍についての授業の最中に、どういうキッカケからか、ゆうべ銭湯で息子が羽織を盗られてしまった、という話をされた。

「うちの息子は撫《な》で肩で、縁日なんかゆくとよく羽織を落っことすのよ。人ごみでは気をつけていたんだけど」

ほんとうに口惜しくて仕方がない、とこの先生にしては珍しく声をつまらせたので教室中がシーンとしてしまった。そのせいか、今でも私は十字軍というと十字架を戴いた美々しい衣裳の少年達が、みな撫で肩だったような気がして仕方がない。

ヴァスコ・ダ・ガマについて習った時のことも覚えている。ガマといういい方が笑いたい盛りの女の子にはおかしくて、いつまでも教室からクスクス笑いが絶えない。

芹沢先生は、パタンと教科書を閉じ毅然とした表情で、

「日本語の発音の連想で西洋史の人物の名前を考えないこと。そういう態度ではもう西洋史は教えられません」

いい終った途端に自分もプッと吹き出した。こんな風だから採点はきびしいのに生徒の人気は抜群で、運動会で芹沢先生が男の先生と組んで二人三脚に出場されたりすると、それだけでみな嬉しくなってしまうほどだった。

あの頃は、何かというと検査や予防注射があった。虱《しらみ》退治や発疹チフスの予防にD・D・Tをかけられたりで、全校生徒が衛生室の前に並んで順番を待つということがたびたびであった。

あれは何の予防注射か忘れてしまったが、私達が廊下で順番を待っていると、先に注射を済ませた芹沢先生が急に気分が悪くなって倒れ、衛生室で手当てを受けているというニュースが伝わってきた。

片腕をまくり上げて並んでいた生徒たちは、不安げに顔を見合せ、恐ろしいからやめてもらいましょうよ、と話し合っているところへ、別の組の級長をしている田村さんという女の子が走ってきた。ほかの女の子よりも頭一つ大柄な彼女は、廊下の真中に立って、

「芹沢先生はいまおなくなりになりました」

と報告し、声を立てて泣き出した。特異体質でショック死されたらしい。廊下に溢れた生徒達も抱き合って泣くもの、教室にかけ込むもの、大変な騒ぎで、二、三日は授業もうわの空であった。

私は今でもこの時抱き合って泣いた青野節子という小柄なクラスメートの、赤っぽいやわらかなネズミの尻尾のようなお下げや、松崎という子の、こわい針金のような毛を黒いゴムで束ねてピンとはね上った形を思い出すことが出来る。

有楽町に「ブリッジ」という有料喫茶室があった。

十五年ばかり前、私はこの店の常連だった。昼は出版社につとめ、夕方からは週刊誌

のルポ・ライター、そのあい間にラジオの原稿を書くという気ぜわしい暮しをしていたので、一時間たしか五十円払えば半日いても嫌な顔をされないこの店はもってこいの仕事場であった。ここのテレビの下が私の指定席だった。うるさいし、首を曲げて見上げなければ野球もプロレスも見えないが、自分に関係のない騒音は音楽と同じで、あまり気にならない。うしろの席で別ればなしをされたりするとかえって気が散るので、私はいつもテレビの下の、誰もすわらない席で内職原稿を書いていた。

この店には十人ほどの女の子がつとめていたが、中に一人とても気のつく子がいた。十七、八の小柄な細面の子で、小まめにお茶を入れかえてくれたり、伝言なども正確に伝えてくれた。

ある時、私が仕事の疲れでうつぶして寝込んでしまい、頰にビニールをバラの花形に切りぬいたテーブル・クロスの型が赤くついてしまった時も、彼女は、笑いをこらえながら、蒸しタオルを何回も取りかえてくれたりした。

心づけ代りにハンカチでも買ってそっと手渡そうかな、と思っていた矢先、おひるのテレビ・ニュースに突然、被害者として彼女の写真があらわれた。

つきあっていた男友達に殺されたのである。みごもっていたこともあり烈しく結婚を迫ったのが理由だとアナウンサーは事務的な口調でしゃべっていたが、首を絞められ古材木の浮かぶ濁った掘割に投げ込まれていたと聞いて、私は食事をつづけることが出来なかった。

私の知っている彼女は、笑い顔のあどけない人なつっこい少女だった。話をする時、人に体をもたせかける癖が気になったが、ユニフォームの下からのぞく細い足にはまだ充分に育ち切らない稚《おさな》さがあるように思っていた。だが、子供っぽい薄い胸の中にはこんな修羅場を抱えていたのである。人を見る目が幼かったのは、むしろ私の方であった。ウェイトレスや看護婦さんや、ユニフォームを着て働く人を見るたびに、この下には、一人一人、どんなドラマを抱えているかも知れないのだ、十把ひとからげに見てはいけない、と自分にいいきかせている。

父の仕事の関係で転勤や引越しが多く、ひとつところに定着しなかったせいか、お彼岸やお盆の行事にはとんと無縁であった。

なすびの馬も送り火も精霊流《しょうりょう》しも、俳句の季題として文字の上の知識に過ぎず、自分の身近で手をそえてしたことは一度もない。

ただ何かのはずみに、ふっと記憶の過去帳をめくって、ああ、あの時あんなこともあった、ごく小さな縁だったが、忘れられない何かをもらったことがあったと、亡くなった人達を思い出すことがある。

思い出というのはねずみ花火のようなもので、いったん火をつけると、不意に足許で小さく火を吹き上げ、思いもかけないところへ飛んでいって爆《は》ぜ、人をびっくりさせる。何十年も忘れていたことをどうして今この瞬間に思い出したのか、そのことに驚きながら、顔も名前も忘れてしまった昔の死者たちに束の間の対面をする。これが私のお盆であり、送り火迎え火なのである。

チーコとグランデ

クリスマスにケーキを食べなくなって、もう何年になるだろう。

仕事場を持つことを口実に家を出て、かれこれ十五年になるが、十二月も半ばを過ぎると、しがないテレビの台本書きは年末の撮り溜めに追われて、ねじり鉢巻の毎日である。クリスマス・ケーキもプレゼントもご縁のない暮しになってしまった。それでも、街にジングル・ベルのメロディが流れ、洋菓子屋のガラス戸に、

「クリスマス・ケーキの注文承ります」

の紙が貼られると、ふっと十七、八年前のあの晩のことを思い出してしまう。

私は小さなクリスマス・ケーキを抱えて、渋谷駅から井の頭線に乗っていた。

あの頃のクリスマス・イヴは、いささか気違いじみていた。三角帽子をかぶって肩を組んだ酔っぱらいと、クリスマス・ケーキを抱えて家路へ急ぐ人の群で銀座通りがごっ

た返した時期である。クリスマス・ケーキと鶏の丸焼を買わないと肩身の狭いような雰囲気があった。

当時私は日本橋の出版社に勤めていた。

会社は潰れかけていたし、一身上にも心の晴れないことがあった。家の中にも小さなごたごたがあり、夜道を帰ると我が家の門灯だけが暗くくすんで見えた。私は、玄関の前で呼吸を整え、大きな声で、「只今！」と威勢よく格子戸をあけたりしていた。

それにしても私のケーキは小さかった。

夜十時を廻った車内は結構混み合っており、ケーキの包みを持った人も多かったが、私のは一番小さいように思えた。父はクリスマス・ケーキなどに気の廻るタチではなく、いつの間にかそれは長女である私の役目になっていた。甘党の母や弟妹達の頭数を考えると、やはり小さすぎた。せめてもの慰めは、銀座の一流の店の包み紙だということである。来年はもっと大きいのにしよう、と思いながら、私は眠ってしまった。

その頃、私は乗りものに乗ると、必ずうたた寝をしていた。内職にラジオの台本を書き始めていたので寝不足だったのだろう。それでも体の中に目覚時計が入っているのか、下りる駅の手前になると必ず目を覚ました。

終点に近いせいか、車中はガランとして、二、三人の酔っぱらいが寝込んでいるだけだった。下りる支度をしながら、私は、わが目を疑った。

私の席の前の網棚の上に、大きなクリスマス・ケーキの箱がのっている。私の膝の上の箱の五倍はある。しかも、私のケーキと同じ店の包み紙なのである。下の座席には誰もいない。明らかに置き忘れである。

こんなことがあるのだろうか。誰も見ていない。取り替えようと思った。体がカアッと熱くなり、脇の下が汗ばむのが自分で判った。

だがそれは一瞬のことで、電車はホームにすべりこみ、私は自分の小さなケーキを抱えて電車を下りた。

発車の笛が鳴って、大きなクリスマス・ケーキをのせた黒い電車は、四角い光の箱になってカーブを描いて三鷹台の方へ遠ざかってゆく。私は人気《ひとけ》のない暗いホームに立って見送りながら、声を立てて笑ってしまった。

サンタ・クロースだかキリスト様だか知らないが、神様も味なことをなさる。仕事も恋も家庭も、どれを取っても八方塞《ふさ》がりのオールドミスの、小さいクリスマス・ケーキを哀れんで、ちょっとした余興をしてみせて下すったのかも知れない。

ビールの酔いも手伝って、私は笑いながら、

「メリイ・クリスマス」

といってみた。不意に涙が溢れた。

五年前に一カ月ほど外国旅行をした。ラスベガスを皮切りに、ペルー、トリニダッド・トバゴ、バルバドスなどのカリブ海の小さな島、ジャマイカからスペイン、パリ、というおかしなコースだったが、その三分の一がスペイン語圏であった。私は英語も覚束《おぼつか》ない人間で、スペイン語ときたら、カルメンとドン・ホセくらいしか判らない。

レストランに入ると、まず、

「セルベッサ・ウノ・チーコ」

と叫ぶ。セルベッサはビール。ウノはひとつ。チーコは小さいという意味である。ビールの小瓶がきたところで、ゆっくりと飲みながらあたりを見廻す。他人様のお料理をチラチラと拝見しておよその見当をつけ、あわてて日本交通公社発行の『六カ国語会話』をめくり、舌をかまぬよう用心しながら、

「デメ・ロ・ミスモ・ケ・ア・アケージャ・ペルソーナ」（あれと同じものを下さい）

と頼むのである。

その際、「チーコ」「チーコ」（小さい方よ）と念を押すことを忘れると、ドカンと大きなグランデが出てきて、一種類でおなかがいっぱいになってしまうのである。

お恥ずかしいはなしだが、四人姉弟で育ったせいか、私は食べものの大きい小さいが気になるタチである。戦争中の食糧不足も影響があるかも知れない。食べ盛りの四人の子供が、食卓にならんでとうもろこし粉の蒸しパンをわける母の手許をじっと見つめる。

「そんな目で見られたら、お母さん、手許が狂ってしまうわよ。物指しを持っといで」

と母はこぼしていた。

今から思うと、魚の切身やケーキの大小に、どれほどの差があったとも思えないのだが、大きいのが当ると心が弾んだし、小さいと気持がふさいだ。小さいと文句をいい、母や祖母のと取り替えてもらう。さて自分の前へ置いてみると、前の方が大きく見える。あれはどういう心理なのだろう。

父の生いたちの影響もあるかも知れない。

幼い時から肩身をせばめ、他人の家を転々として育った父は、大きいものが好きだった。

大きい家、大きい家具、大きい松の木、大きい飼犬……。

私がまだ五つ六つの年の暮に、私には背丈に余る娘道成寺のみごとな押し絵の羽子板、弟には床の間に飾り切れぬほど大きな絵凧《えだこ》を買ってきて、母や祖母をあきれさせたこともあった。

成り上り者の貧しさが、私の血の中にも流れている。いつも上を見て、もっともっと大きいのとキョロキョロしていたのに、外国へきたらさすがにゲンナリして、もっと小さいのを、と叫んでいるのである。

マドリードのマイヨール広場横の、よく行った立ち食い専門の小店では、私が入ってゆくと、おニイさんは、

「ウノ・チーコ」

と片目をつぶって笑いかける。背丈もチーコ、人間もチーコだなと思いながら、チーコに切ったアサリのパイを突っついていた。

新しく住まいを移り、落着いた頃に客がくるのは嬉しいものである。

六年前にマンションを買い、それこそ身に過ぎた大きな買物だったから、私は客がくるとこれ幸いと得意になって見せびらかしていた。

或晩、女優のMさんが訪ねてみえた。

案内役は悠木千帆（現・樹木希林）さんだった。当時、私はお二人の出演するドラマの台本を書いていた。Mさんは、――やっぱり本名でいきましょう。森光子さんである。長いおつきあいだし、これがもとで気まずくなるなどという器量の小さい方ではないのだから。

森光子さんは、上りぎわに、

「凄く小さいのできまり悪いんですけど」

名古屋の公開録音から帰ったその足で伺ったので、新幹線の中で求めた自分用のですけど――と、恐縮されながら、ちょっとおどけたしぐさで小判形のしぐれ蛤を差し出された。

私は、あッと声にならない叫び声をあげてしまった。実は台所に、その十倍はあろうかというしぐれ蛤の大箱があったのである。

名古屋に住んでいる妹が家を新築した。新宅祝いを送ったお返しが夕方届いたのである。この妹は「握り矢印」とあだ名のあるしまり屋なのだが、マイ・ホームを建ててきげんがいいのか、貯金をはたきついでのヤケッパチなのか、いつに似合わぬ気前のよさで、馬鹿馬鹿しいほど大きな詰め合せを送ってきたのである。

森光子さんの名誉のために申し添えるが、彼女は気前のよすぎる人である。苦労人だけあって、お花だご馳走だと、共演の人達の面倒見も実に行き届いた方である。

しかし、この晩のしぐれ蛤に関していえば、まさにチーコとグランデであった。人間一生の間に、何十回もしぐれ蛤を頂戴するわけでもないだろうに、どうしてこんなおかしなダブリ方をするのだろう、と思いながら、笑いをこらえてお茶を飲み、世間ばなしをしていた。

ところが、二人の女優さんは、いきなり目くばせをすると、

「お台所やなんか拝見してもいいですか」

とおっしゃる。

台所は私の設計で、これも自慢のタネである。

「どうぞどうぞ」

と腰を浮かしかけて、ハッとなった。

台所には、二つのしぐれ蛤の箱が、まな板の上にのっかったベビー靴といった按配で重ねてある。大女優に恥をかかせては申しわけない。

「ちょっと待って。いま片づけますから」

「女同士じゃありませんか。おかまいなく」

「いえいえ。お願い！」

私は台所へ飛び込むと、グランデの方を、あわてて流しの下に蹴っぽり込んだ。

その晩、私はやたらにはしゃいだ。

黙っていると、おかしくて笑えてくるので、絶え間なくしゃべり、ひとりでふざけていた。そして、いまだに森光子さんに借りがあるような、うしろめたい気持を拭えずにいる。誰のせいでもないけど、森光子さん、あの晩は本当に失礼を致しました。

学生時代に日本橋のデパートで歳末だけアルバイトをしたことがある。

私はレジスターで、最初は金物《かなもの》売場だった。「臨休《りんきゅう》」がトイレで「有休《ありきゅう》」が食事といった符丁も覚え、「湯タンポ二百円」ばかり打つのでうんざりした頃、地下の佃煮《つくだに》売場へ廻された。まだ学生アルバイトの珍しい時分で、私達は随分可愛がってもらった。「おいしそうねえ」といえば、ひょいと脇の下が突つかれて経木にのせたひと口ほどのハゼの佃煮や煮豆が客から見えない高さで差し出された。

だがお多福豆だけは別だった。

みごとな大粒で、黒光りして並んでいた。値段も飛び抜けて高かった。売場責任者の中年の店員は、時々、目でお多福豆を数えるしぐさをした。数は判っているんだぞ。暗につまみ食いを牽制《けんせい》しているようにみえた。

雨の日だった。これもアルバイトの男子学生が、開店前に冷蔵庫から佃煮を出してショーケースにならべる作業中、雨靴で床が滑ったのか、お多福豆のバットを取り落し、全部床にぶちまけてしまった。

床は、雨靴の泥で濡れている。売場責任者が飛んできた。私はレジの支度をしながら、体を固くして眺めていた。全部で幾らの損害になるのか。しくじりをしたアルバイト学生が顔をこわばらせて何かいいかけた時、責任者の店員は、彼の体を押しのけるようにしてかがむと、手で床に散乱したお多福豆を素早く拾い上げ、ショーケースに納めた。

開店ベルが鳴りわたり、気の早い客がチラホラ入って来ている。責任者は、何事もなかったように、

「いらっしゃいませ」

とにこやかに声をかけていた。

街は特需景気でわき返り、新しい千円札が出廻りはじめていた。美空ひばりが登場し、金閣寺が焼け、中小企業の倒産が新聞をにぎわせていた頃だった。食糧事情はよくなったといってもまだまだ毎日の暮しは不安定であった。

今日びこんなことはないだろう。

だが、私はそれ以来、お多福豆を買ったことがない。

みかんや苺《いちご》の時期になると、私はつまらないことに気を遣って、気くたびれすることがある。

果物好きだし、客の多いうちなので、冬場だとみかん、苺のシーズンだと苺は大抵買い置きがある。ところが、訪ねて下さる方も私の果物好きをご存じで、手みやげも果物が多いのである。頂いたみかんや苺が、大粒なら気苦労はいらない。

「こっちのほうが立派で悪いわねえ」と頂きものはちゃっかり冷蔵庫に仕舞い込んで、お安い「ありもの」をすすめるのもご愛嬌である。

だが、頂きものがチーコで、うちにあるほうがグランデだと、そのへんは微妙である。男性の客は鷹揚《おうよう》だが、女性は気にされる。妙に恐縮されて、話もはずまなかったことがあるので、私は頂戴するとさりげなく大きさを調べ、お持たせを出すべきか出さざるべきか考えてしまう。こんなことに気を遣うと、なんとせせこましい人間かと我ながら嫌になるのだが習い性で仕方がない。

食べものを見ればさりげなく横目を使い、大きい小さいを較べていた私も、人生の折り返し地点を過ぎ、さすがに食い意地の方も衰えたか、量よりも味の方に宗旨を変えてきたようだ。

ところが、七年前に父が亡くなり三十五日の法要のあと内々が集まって精進落しに鰻重を取った。その席で、お重の蓋を取りながら、私は蒲焼の大きさをくらべているのである。何ということであろう。

泣き泣きも良い方を取る形見分け

の川柳を笑えない。生れ育ちの賤《いや》しさは、死ぬまで直らないものなのだろうか。たとえに引いて恐れ多いが、エリザベス女王などやんごとないお生れの方々は、ケーキやお魚をごらんになっても、大きい小さいなどチラリともお考えにならないものなのだろうか。

上つがたに知り合いのあろう筈もなく、伺ってみたことはないが、いつか何かの間違いでお目通りを許される機会があったら、そのへんの機微などお伺いしたいものだと思っている。

＊編集部注。一五四ページ二行目、「臨休」は「仁久《じんきゅう》」、「有休」は「有久《ありきゅう》」と思われる。

海苔巻の端っこ

街を歩いていて、小学生の遠足に出くわすことがある。子供に縁のない暮しのせいか、そっとリュック・サックを触ったり、

「何が入っているの」

と尋ねたりする。

「サンドイッチとサラダ！」

「チョコレートにおせんべとガム！」

「お菓子は二百円以内！」

子供達は弾んだ声で教えてくれる。

水筒の中身もジュースが圧倒的に多い。

リュックの形も中身も、私の子供時代とは随分変ってきているなと思う。

今のリュックは赤や黄色やブルーのナイロンやしなやかなズック地が多いが、戦前のリュックは、ゴワゴワしたゴム引きのようなズック製だった。私が持っていたのは寝呆《ねぼ》けたような桃色で、背中にアルマイトのコップを下げる環《かん》がついていた。駆け出すと、カラカラと音がして晴れがましいような気分になった。

リュックの中身もおにぎりか海苔巻と茹《ゆ》で卵。あとはせいぜいキャラメルと相場が決っていた。水筒の中身も湯ざましか番茶だった。

わが家の遠足のお弁当は、海苔巻であった。

遠足の朝、お天気を気にしながら起きると、茶の間ではお弁当作りが始まっている。一抱えもある大きな瀬戸の火鉢で、祖母が海苔をあぶっている。黒光りのする海苔を二枚重ねて丹念に火取っているそばで、母は巻き簾《す》を広げ、前の晩のうちに煮ておいた干ぴょうを入れて太目の海苔巻を巻く。遠足にゆく子供は一人でも、海苔巻は七人家族の分を作るのでひと仕事なのである。

五、六本出来上ると、濡れ布巾でしめらせた庖丁で切るのだが、そうなると私は朝食などそっちのけで落ちつかない。海苔巻の両端の、切れっ端が食べたいのである。

海苔巻の端っこは、ご飯の割に干ぴょうと海苔の量が多くておいしい。ところが、これは父も大好物で、母は少しまとまると小皿に入れて朝刊をひろげている父の前に置く。父は待ちかまえていたように新聞のかげから手を伸ばして食べながら、

「生水を飲まないように」

「知らない木の枝にさわるとカブレるから気をつけなさい」

と教訓を垂れるのだが、こっちはそれどころではない。端っこが父の方にまわらぬうちにと切っている母の手許に手を出して、

「あぶないでしょ。手を切ったらどうするの」

とよく叱られた。

結局、端っこは二切れか三切れしか貰えないのだが、私は大人は何と理不尽なものかと思った。父は何でも真中の好きな人で、かまぼこでも羊羹でも端は母や祖母が食べるのが当り前になっていた。それが、海苔巻に限って端っこがいいというのである。

竹の皮に海苔巻を包む母の手許を見ながら、早く大きくなってお嫁にゆき、自分で海苔巻を作って、端っこを思い切り食べたいものだと思っていた。戦争激化と空襲で中断した時期もあったが、それでも小学校・女学校を通じて、遠足は十回や十五回は行っている。だが、どこへ行ってどんなことがあったか、三十数年の記憶の彼方に霞んではっきりしない。目に浮かぶのは遠足の朝の、海苔巻作りの光景である。

ひと頃、ドラキュラの貯金箱が流行ったことがある。お金をのせると、ジイッと思わせぶりな音がして不意に小さな青い手が伸びて、陰険というか無慈悲というか、嫌な手つきでお金を引っさらって引っこむ。何かに似ているなと思ったら、遠足の朝、新聞の

かげから手を伸ばして海苔巻の端っこを食べる父の手を連想したのだった。

我ながらおかしくて笑ったが、不意に胸の奥が白湯《さゆ》でも飲んだように温かくなった。親子というのは不思議なものだ。こんな他愛ない小さな恨みも懐しさにつながるのである。


小学校の時の同級生にNという女の子がいた。資産家の娘で、式の日には黒いビロードの服を着てきた。二階建ての大きな西洋館の邸《やしき》に住んでいたが、遊びに行って驚いたのはNが靴のままうちへ上ることであった。Nだけではない。弟や妹も、二、三頭いた大型の飼犬までも泥靴泥足のまま絨毯の上を走り廻る。絨毯はスレて垢《あか》すりのようになっていた。ピアノの上にもカーテンにも、真白にほこりがたまっていた。

幼い弟達の耳や手足も白くひびわれ、ぜいたくな服装もよく見るとほころびが切れていた。生別なのか死別なのかNには母親がいなかった。使用人が二、三人いたが、何時に帰って何時にお八つを食べようが何もいわれなかった。

私達が食堂でお八つを食べていたら、父親が帰ってきた。飼っていた外国産の鼻の長い犬と同じような顔をした人で、大学の先生だという。口ひげが半分茶色なのを子供心に不思議だなと思っていた。これもほこりだらけのサン・ルームで、鸚鵡《おうむ》がけたたましい声を立てていた。父親はチラリと私達を見ただけで全く表情を変えずに引っ込んだ。

あれは何年生の時の遠足だったのか。私の隣りでお弁当を開いたNが、不意に両手で顔を覆って泣き出した。膝の上の海苔巻のうち一本に庖丁が入っていなかった。

Nには間もなく新しい母が来た。結婚もクラスで一番早かった。やや暗いが美しい人だったから幸せに暮しているとばかり思っていたが、結婚後間もなく不治の病に侵され亡くなったということを最近知った。

青草の上に投げ出したNの細い足と黒い上等のエナメルの靴。当時はまだ珍しかった甘い紅茶の入った魔法壜。そして一本丸のままゴロンと転がっていた黒い海苔巻が目の底によみがえってきた。


端っこが好きなのは海苔巻だけではない。羊羹でもカステラでも真中よりも端っこが好きだった。我が家は到来物の多いうちだったが、どういうわけかすぐに手をつけないのである。

お仏壇にあげてから。

お父さんが召し上ってから。

なんのかんの理由をつけて先へ延す。蒸し返しの当てもなく来客にも出せなくなってから子供用にお下げ渡しになるのだが、その頃には羊羹色の羊羹の両端は砂糖にもどって白っぽくジャリジャリしている。それがいいのである。

カステラの端の少し固くなったところ、特に下の焦茶色になって紙にくっついている部分をおいしいと思う。雑なはがし方をして、この部分を残す人がいると、権利を分けて貰って、丁寧にはがして食べた。

かまぼこや伊達巻の両端。

木綿ごしの豆腐の端の、布目のついた固いところ。

ハムやソーセージの尻っぽのところ。

パンでいえば耳。

今でも、スナックのカウンターに坐っていて、目の前でサンドイッチに庖丁を入れているバーテンさんが、ハムやレタスのチラリとのぞく耳を惜しげもなく断ち落すのを見ると、ああ勿体ないと思ってしまう。

寿司屋のつけ台でも同じで、海苔巻や太巻を巻いている板前さんが、両端をスパッと切ると、そこは捨てるの？　それとも誰かが食べるんですかと聞きたくなる。

これは端っこではないが、南部煎餅のまわりにはみ出した薄いパリパリの部分。

鮭カンの骨。

こういうところが好きで仕方がない。

何だか貧乏たらしくて、しんみりして、うしろめたくていい。

端っこや尻っぽを喜ぶのは被虐趣味があるのではないかと友人にからかわれたが、これは考え過ぎというもので、苦労の足りない私はそんなところでせいぜい人生の味を噛みしめているつもりなのだと理屈をつけている。

子供の頃、お焦げが大好きだったのも、端っこ好きの延長かも知れない。戦前、祖母が生きていた時分は、ご飯炊きは祖母の役と決っていたから、朝目を覚ますとパジャマのまま台所へ飛んでゆく。

手拭いを姉さまかぶりにしてかまどの前にしゃがんで、長い火箸で燠《おき》を取り、火消壺に入れている祖母に、お焦げを作ってくれたかどうか尋ねる。

「バリバリいってから七つ数えたから大丈夫だよ」

そういわれると安心してセーラー服に着がえる。祖母は、父にかくれて、お焦げで小さな塩むすびをひとつ作って、そっと私に呉れるのである。痩せぎすで癇の強い人だったせいか、塩もきつめで、きっちりと太鼓形に握ってあった。

実においしいと思った。

今から考えれば、米も水も塩もよかったのだろう。かまどで、固い薪で鉄の釜で炊くご飯。しかもアツアツのお焦げで握るおにぎりである。

父に見つかると叱られるというスリルもあった。祖母に見張っててもらい、蠅帳《はいちょう》のかげで目を白黒させて食べるのである。

食べ終えて、祖母に手を拭いてもらってから、洗面所横の小部屋をのぞく。顔中をシャボン（当時は石けんといわずそういった）の泡だらけにした父が、母の鏡台の脇につるした革砥《かわと》で剃刀《かみそり》を研《と》いでいる。私がうしろに立つと、父は、わざと大袈裟に頬をふくらましたり鼻の下を伸ばしたりおかしな顔をしてみせながらひげを当る。

わたしはお焦げのおにぎりがバレなかったな、と安心して、父のどてらの袖をもってやったりして手伝うのである。

端っこ好きは食べものばかりではないようで、子供の時分から今までの記念写真などを見ると真中にいるのはほとんどない。必ず後列の端にやっと顔だけのぞかせている。映画館や喫茶店へ入った時も同じで、無意識のうちに隅っこを探している。私のような人間から見ると、端の席が空いているのに、真中の席に坐り、屈託なく飲んだり食べたりする人は羨ましくて仕方がない。

学生の頃、九人制バレー・ボールで、中衛のライトをしたことがあったが、その名残りか、右側に他人がいると落着かなくて困った。もうそんなことはないが、体の片一方、もしくはうしろに壁を背負うと気持が多少落着いてくる。

それでも二度ほど広間の真中に坐る羽目になったことがある。

一度目は十年ほど前に一人で関西へ用足しに行った時だった。京都に鱧《はも》を専門に食べさせる高名な店がある。名前を覚えていたので電話帳で調べお昼を予約した。電話がひどく遠いようだが、「どうぞお越し」といっているようなので探し探し出かけて行った。

見つけて驚いたのだが、腰掛け割烹《かっぽう》のつもりで行ったら堂々とした料亭なのである。向うは向うで、まさか女が一人でくるとは思わなかったらしく、一番大きい部屋しか空いていない、と多少当惑している風であった。だが、若主人らしい人が、ボストン・バッグを下げている私を見て、奥へ案内してくれた。

かなり広い座敷である。

困ったことになった、と思ったが、今更引っ込みがつかない。覚悟を決めて席につき、次から次へと運ばれる鱧料理を頂戴した。中年の仲居さんが世話をして下さったのだが、終りぎわにこういうのである。

「私は随分長いことこの商売をしているが、この広い座敷で女一人で床柱を背にして悠々とお酒を飲み料理を食べた人はそうはいない。どこのどなたさんですか」

こうと判れば来ませんでしたともいえないので、名前を名乗るほどの者ではございませんと恐縮した。仲居さんはつづけて、

「あんたさん、きっとご出世なさいますよ」

このとき、隣りの部屋の間じきりの襖が音もなく一センチほど開いた。そこから幾つもの目がのぞいている。隣りの部屋は中年の女性が十人ほどで会合をしているらしく、関西弁のあけすけな世間話が聞えていたのだが、どうやらけったいな客を覗いておいで

になるらしい。

八つ目鰻を食べにきたんじゃないのよ、といいたかったが、折角ご出世なさいますと太鼓判を押して下すっているので、やめにした。

ご出世のひとことにくすぐられたのか心附のほうも私としては破格の弾みようで、板前さんから仲居さん一同、店の前にならんで見送って下すった。タクシーに乗ってから、どっと汗が出た。

二度目は七、八年前赤坂のあるホテルに仕事でカンヅメになった時だった。全国市長会議があるので、一晩だけ和室の大広間に引越しをして下さいという。狭いところに飽きていたので喜んだのだが、入ってみて愕然《がくぜん》とした。

五十畳だか六十畳の大広間の中央に屏風を立て廻し、坐り机がひとつポツンと用意されている。大文豪ならいざ知らず、駆け出しの三文ライターである。おまけに何より端っこの好きな貧乏性である。もぐらがいきなり土の上にほうり出されたようで、体中がムズムズしてとても駄目ですからと机を引っぱり、部屋の隅にもってきた。

やっぱり駄目なのである。

端だから落着くのではない。狭いところの隅だから気が休まるのである。大広間の隅っこでは広さが気になってどうしようもない。明りを消すと不気味だし、あかあかとつけるとまた白々しい気分になる。仕方がないので、真中に出て体操してみたり、布団をしいて寝てみたが、どうにも格好がつかない。

何年か前に見た映画のシーンが頭に浮かんだ。エミール・ゾラの伝記映画で、ドレフュス事件にかかわったゾラが、書斎で執筆中にランプの不完全燃焼がもとの事故で亡くなるのだが、この時の書斎が堂々たる広間なのである。しかもゾラの机は、部屋の中央に斜めに置いてある。

こういう位置で、大傑作が書けるというのはやはり私如きとは人間の出来が違うんだな、と思った。

次に思い出したのは「ラプソディ・イン・ブルー」のガーシュインの仕事場である。これも広大な山荘の広間で、五十畳はありそうな真中にグランド・ピアノが据えてある。

この二人を皮切りに、古今東西の芸術家諸先生の机の位置についてあれこれと想像をめぐらせた。

トルストイは、鴨長明は、紫式部は、シェークスピアは、大きい部屋で書いたのか、小さい部屋か。机は大か小か、位置は真中か隅っこか。置き方はまっすぐか斜めか——。

私は、物を書く人の容貌や体格はその作品と微妙に関わっているという説を持っているが、それにもうひとつ、書斎の広さと机の位置を考えなくてはならないなと思った。

そんなことを考えているうちに夜は明けてしまい、遂に一行も仕事にならなかった。

こういう古今の大人物とわが身を比べるのは烏滸《おこ》の沙汰だが、今これを書いている机は、居間の隅っこの壁に、田螺《たにし》のように、はりついている世にも情けない小さな机である。

机の上にはビールの小壜。

サラミ・ソーセージの尻っぽのギザギザになったところを噛み噛み書いている。筆立てには捨て切れずにいるチビた鉛筆――。

ご出世なさいますよ、と保証して下さった京都の仲居さんには申しわけないが、このてい、い、い、たらくでは見たて違いというほかはなさそうである。

学生アイス

アイスクリームをフランスに持ち込んだのは、カトリーヌ・ド・メディチだと物の本で読んだ覚えがある。

フィレンツェの一金融業者からのし上り、権謀術数と毒殺を繰り返しながら、ヨーロッパに富と権力を誇ったメディチ家の娘カトリーヌが、フランス王アンリ二世の妃になった時、お供の侍女たちと一緒にお輿《こし》入れした料理法が、今のアイスクリームのはしりであるという。

メディチ家はルネッサンスの大パトロンでもあったわけだから、ダ・ヴィンチやミケランジェロなどの先生方も、一度ぐらいはメディチ家のサロンでアイスクリームを招《よ》ばれたかもしれない。そう思って眺めると、ボッティチェリの名作「ヴィナスの誕生」はアイスクリームの匂いがする。お馴染みの貝殻から生れる美女の図だが、この絵には禁欲的な中世の作品には見られない官能的な甘さと涼しさがある。

泰西名画からいきなり我が家の台所に話が飛んで恐縮だが、私が初めて自家製のアイスクリームを食べたのは、小学校三年の時だった。学校から帰ると、母が台所の板の間に坐り込み、富士額にいっぱい汗をかいて、なにやら見馴れない手仕事をしている。桶の中にブッカキ氷をギッシリ詰め込み、真中に立てた茶筒を力いっぱい廻しているのである。もうすぐアイスクリームが出来るというのだが、つい昨夜まで風呂場で使っていた湯桶の中から、あの冷たいお菓子が生れるというのがどうも合点がゆかない。だが茶筒のまわりにこびりついたうす黄色い霜をなめさせてもらったら、まさしくアイスクリームの味がした。

私をかしらに四人の子供たちが茶の間の敷居ぎわに並んで、アイスクリームの出来上りを待った。当時、私達は鹿児島の城山のならびに住んでいたが、裏山には夏みかんや枇杷《びわ》の木が生い茂り、だだっ広い家を吹き抜ける風は濃い夏山の匂いがした。母は息を切らして茶筒を廻している。黒光りのする板の間に、白っぽい浴衣を着た母のお尻がリズミカルに動いていた。

「お母さんは随分大きなお尻をしているんだな」

私達四人のきょうだいは、この人から生れたのだ、と思った記憶がある。

ルネッサンスとは「再生」の意味を持ち、自己の生命の源を発見し再確認することだという。泰西名画には程遠い図柄だが、アイスクリームの茶筒を廻している母の偉大なお尻に母性を発見したことは、わが精神のルネッサンスといえるかも知れない。

ともあれ、この日の母のアイスクリームは、お預けの長さにくらべて、配給量は極めてぽっちりであった。今でこそどの家にも冷凍冷蔵庫があり、扉を開ければアイスクリームの一つや二つ、入っていて不思議はないが、戦前はこうではなかった。アイスクリーム、それもヴァニラ・アイスクリームは、よそゆきの洋服を着て、レストランやデパートの食堂で緊張しながら頂く晴れがましい食べものであった。

あの古典的な銀色腰高の丸い器。

中村メイコさんのお顔の輪郭そっくりのアイスクリーム・スプーン。添えられたウエファアス。このうちどれが欠けても、アイスクリームは香気を失うように思われた。溶けないうちに早く食べたい気持と、なるべくゆっくりと味わいたい気持のせめぎあいにうわずりながら。十年後に、早く大人になって、アイスクリームを一度に二つ食べてみたい、と思っていた。十年後に、自分がアイスクリームの行商をやるようになろうとは考えてもみなかった。

学生アルバイトにアイスクリーム売りをしたのは、昭和二十三年の夏であった。当時、父の転勤で我家は仙台に引越しており、私と弟は麻布市兵衛町の母の実家から学校へ通っていた。応分の仕送りはあったのだが、新円切り換えになって間もない時分でもあり、本を買ったりスバル座でアメリカ映画を見たりするには、お小遣いが足りなかったからである。

アイスクリームの卸屋《おろし》は、たしか今の神谷町《かみやちょう》あたりだったと思う。まず、そこで三十人ほどの学生がアイスクリーム・ディッパーの操作を習った。外側は固く良心的に、内側はあっさりとしゃくって、何個分か浮かせるのが儲けのコツであるというようなプロの心得である。それが終ると、男女のカップルを作り、五十個入りの大きな丸いジャーとディッパーや釣り銭を入れた小さなバッグを持たされて、

「さあ、いってらっしゃい」

と表へ追ン出された。

当時の私のいでたちは、といえば黒いスカートに白のブラウス。ズックの運動靴。頭には、日射病と日本脳炎を心配した祖母がのせてくれた、草むしり用の特大麦わら帽という何とも愛想のないアイスクリーム売りであった。

おまけに、「さあ、いってらっしゃい」といわれたところで、サラリーマンの娘の悲しさで、生れて二十年ただの一度も人に物を売ったことがないのである。相棒の男子学生もどうやら同じ生い立ちとみえて、これも往来に立ったまま、ボオッとしている。ボオッとしていたのでは、頭のテッペンは暑くなるし、肝心のアイスクリームは溶け

てしまう。手早く上手に売れば五十五個になるが、ヘタをすると三十五個になるのが、この商売の面白さだ、とたった今聞かされたばかりである。私は勇気を振るって、すぐ目の前の、入りよさそうなしもた屋の玄関を細目にあけた。

「ごめん下さい。学生アルバイトですが」アイスクリーム——といいかけたところで、いきなり、

「いい加減にしろ！」

とどなられた。

縮みのステテコひとつの老人が上りかまちに大あぐらをかいて怒っている。さっきから入れかわり立ちかわり学生のアイスクリーム売りがきて、昼寝も出来ない、というのである。

いわれて気がついたのだが、卸屋は坂の中ほどにある。夏の盛りのことでもあるし、重いものをかつぐと人はみな下り坂のほうに足が向く。先発の連中もごく自然に、入りいいこのうちの玄関を叩いたのだろう。平謝りに謝って今度はなるべく人の行かない道を選んで、「ごめん下さい」をやったのだが、まあその売れないこと。

数字オンチなので、一個幾らだったか思い出せないのだが、当時としてはかなり高価だったこともあって、ディッパーでしゃくうとキシキシ音を立てていたアイスクリームが、次第にゆるんでくる。こうなると、足は自然に麻布の居候先に向いていた。祖母が

隣り近所に声をかけてくれ、やっと半分をさばくことが出来た。

ふるさとへ廻る六部の気の弱り

この句はつくづく名句だなと思った。街には「銀座カンカン娘」のメロディが流れていた。

その頃、渋谷の松濤《しょうとう》でちょっとした火事があった。

翌朝、私と相棒は焼跡へ飛んでいった。若気の至りとはいいながら、この日のことは今思い出しても冷汗が出る。

私達は焼跡を片附けていた年輩の主婦から、またまたきびしく叱られた。

「焼け出された人間は、アイスクリームどこじゃないのよ。少しは人間の気持を考えなさい」

一言もなかった。

相棒は、半分ほど焦げた電柱に寄りかかり、短くなったたばこを吸いながら、

「ぼくはもう止《や》める」

という。

よほど効率よく歩かない限り、売れるより溶ける方が早いのだ。儲かるのは卸屋だけである。その時、ふっと昭電事件のことが頭に浮かんだ。愛人の秀駒姐さんに何千円の

ハンドバッグを買ったとか買わないとか連日三面記事を賑わしていた頃だった。

「昭和電工へ行ってみましょうよ」

これだけの知識で、話題の昭和電工へ乗り込んだのだからお恥ずかしい限りだが、ここでは守衛に硬い表情で追っ払われてしまった。第一打は失敗したものの、景気のいい会社の、大口を狙う、という作戦は当って、次々とお得意先が増えてきた。一番の上得意は、あれは何という名前だったか、青山一丁目の、現在心臓血液研究所になっている会社だった。

こちらのやり方も段々とうまくなって、まず守衛さんに、アイスクリームを進呈する。試食して頂くのである。次に総務か庶務を紹介してもらって、ここでも部長に試食をして頂く。昼休みの一時間、空いているガレージで売りなさい、ということになり、社内にアナウンスまでしてもらった。今のように、大会社がマンモスビルに入る前のことで、近所に喫茶店もない場所では、特によく売れた。湯呑み茶碗や弁当箱のフタを手にした社員が列を作った。相棒は追加のアイスクリームを取りに飛んで帰っていた。女秘書がお盆にコップを五つほどのせてあらわれ、

「重役会議に使うから、二つずつ入れて頂戴」

といわれたりする。気がつくと、ごく自然に「有難うございます！」と大きな声を出していた。

もう麦わら帽子は要らなかった。三日おき位に、昼休みを狙って得意先を廻ればよいのである。私達はほかのカップルの四倍から五倍の売り上げをつづけた。

ところが、いいことは長くつづかない。やがて私達のやり方をみんなが真似し始め、得意先に着いてみると、仲間のカップルが既に売り始めていたりして、男子学生同士が胸倉《むなぐら》を取り合う、という暑苦しい場面も見られるようになってしまった。

仕方がない。作戦変更である。考えながら歩いていたら、信号無視でお巡りさんに呼び止められた。申し訳ありませんが急いでいますので、と、謝り方がぞんざいだったらしく、態度がよろしくない、というので、交番に連行されてしまった。昼日中から一つのジャーを二人で提げたアベックと見られたようだ。国電品川駅のそばの派出所で、初老のお巡りさんが長々とお説教を始めた。終りまで聞いていたらアイスクリームが溶けてしまう。お話し中失礼ですが、と私はジャーを開けて、わがアルバイトを説明した。

彼は、湯呑茶碗をすすいで一個買ってくれ、

「この近くに、警官の独身寮があるから行ってみなさい」

と教えてくれた。玄関から入ると管理人のばあさんがうるさいから、外から一部屋ずつ窓を叩いて売ったほうがいい、とサバけた忠告までしてくれた。

お巡りさんも裸だと親切である。制服制帽は壁にかかっているが、真夏の昼下りであ

る。皆さん、パンツ一つでおへそのあたりを掻きながら、

「おやじさんの紹介じゃしょうがないや」

と買ってくれた。その中の一人が、

「屠殺場へ行ったかい」

という。新橋駅前あたりで、ホルモン焼全盛の頃だったが、あれはみな屠殺場の人夫達の余禄《よろく》だというのである。

「今、東京中で一番金を持ってるのはあの連中だよ」

と地図まで書いてくれた。ほこりだらけの道を私達は屠殺場へ向った。

不思議な匂いと血だらけの上っぱりに始めはひるんだが、馴れてしまえば心やさしいおにいさん達の集団であった。

恥ずかしながら、我が生涯の中でこんなにモテたことはなかった。

「ネエちゃん、別嬪《べっぴん》だな」

といわれたのも初めてだったし、一緒に写真を撮ろうといわれたのも初めてであった。お茶はついで下さる、休んでゆけと椅子を運んできて下さるで、相棒の男の子がひがむほどであった。私もお返しにボタンをつけたり、キャッチ・ボールのお相手をしたりした。

毎日が楽しくて仕方がなかった。

ちょっとした気働きがそのまま収入につながる面白さは、月給取りの家に生れ育った身には初めての経験だった。今まで逢ったことのない人達との出合いも嬉しかった。だが、わがアイスクリーム売りは、一カ月で幕となった。祖母からのご注進でアルバイトを知った父から、即刻帰省せよの速達が届いたのである。終ってみて、子供の頃から二ついっぺんに食べてみたいと思っていたアイスクリームを、私はほとんど一個も食べていなかったことに気がついた。

東京から仙台までは汽車で八時間の道のりであった。今は半分もかからないだろうが、二十五年前は鼻の穴や洋服の袖口を真黒にして一日仕事であった。

心を残しながらアイスクリーム売りのアルバイトを切り上げて、常磐線に乗った私の前の席にW大の学生が坐った。怒ったような顔をして雑誌を読んでいる。やがて検札があったが、この時私は切符を床に落してしまった。彼は身をかがめて拾ってくれたのだが、下が濡れていたものだから、手が汚れてしまった。詫びのしるしに私は持参の飴を差し出した。彼はますます怒ったような顔で、ひとつ取って口へほうり込んだ。

水戸で彼はアイスクリームを二個買うと、ひとつを私の窓枠の方に押してよこした。辞退したり財布を出してお金を払おうとしたがますます怒った顔になるので、仕方なく頂戴することにした。木のサジのついた四角いアイスクリームだった。食べながら、私はおかしくてたまらなかった。

「つい先日まで、私はアイスクリームを売っていたのよ」

といいたいのだが、相手がひとこともしゃべらないので、話すわけにもいかない。たまりかねて吹き出したら、彼も少し笑ったようであった。

彼は平駅で降りたが、降りぎわに、黙って読みかけの雑誌を突き出すようにした。退屈しのぎにどうぞ、という意味らしい。礼をいって受け取ったが、ひどく切羽つまった顔で手が震えていた。ははあ、ご不浄を我慢していたんだなと思った。当時はまだ交通事情が悪く、列車の手洗いまで乗客が入っていたからである。

ところが、発車してから雑誌を——文藝春秋だか改造だか、その手の雑誌だったと思うが、開いたところ、中に紙片がはさまっていた。几帳面な字で住所と名前が書いてあった。さっきの切羽つまった顔と手の震えはこれだったのかと判った。はなしはこれでお仕舞いなのだが、アイスクリームにつながる縁を感じたのか、私はこの紙片を随分長いこと定期入れの中にはさんで持っていた。

記憶というのは、糸口がみつかると次から次へと自然にほどけてくる。

アイスクリーム売りの最後の日の夕方、私達は五、六個余ったジャーを抱えて明治神宮の表参道に腰を下ろしていた。相棒も私に義理立てして今日で止めるという。残りは商売繁昌の記念に、通りかかった感じのいい人に無料で進呈しようということになった。

ちょうどその時、五、六歳の女の子が、お豆腐でも買いにゆくのだろう、空の鍋を抱えて通りかかった。呼びとめて、アイスクリームを鍋に入れ、お母さんに叱られるといけないから、と事情を書いたメモを渡した、女の子は泣き出しそうな顔で見ていたが、犬にでも追われているように同潤会アパートの方角へ飛んで帰って行った。

この文章を書くまで忘れていたが、私が現在住んでいるマンションは、二十五年前に腰を下ろした表参道の場所から百メートルと離れていない。

魚の目は泪

子供の頃、目刺《めざし》が嫌いだった。

魚が嫌い、鰯《いわし》が嫌いというのではない。魚の目を藁で突き通すことが恐ろしかった。見ていると目の奥がジーンと痛くなって、とても食べる気持になれなかったのだ。

あれは幾つの時だったのか、七輪で目刺を焼く祖母のそばで、四匹ずつ束ねてある目刺が、兄弟なのだろうか、それとも友達なのだろうかと尋ねたことがある。祖母は、半分焦げた団扇《うちわ》をぱたつかせ、これも先の方が黒く焼け焦げた菜箸《さいばし》を使いながら、

「魚は卵から生れるから、親も兄弟もないんだよ」

という。

だが私は、自分が四人姉弟のせいか、四人姉弟の鰯が一緒に捕まって、枕を並べて死んでいるような気がして仕方がない。小さな声でそういったら、

「本の読み過ぎで、神経衰弱じゃないのかい」

けむそうな目をしばつかせながら、私の顔をのぞき込んでそういった。まだノイローゼなどという言葉はなかった頃である。

神経衰弱とは思わなかったが、どうもこのあたりから、「目」というものが気になり出したような気がする。

祖母は能登の人で、親戚に網元がいたせいか、魚のことにくわしく、聞くとよく教えてくれた。胸がつぶれる思いをしたのは、煮干である。

煮干はカタクチイワシの子で、網にかかったのをそのまま浜で炎天干しにするという。陽ざしの強い日に一気に干し上げるとカラリと乾いた上物になるというのだが、生きながらじりじりと陽に灼《や》かれて死んでゆくカタクチイワシが可哀そうでたまらない。そう思ってよく見ると一匹一匹が苦しそうに、体をよじり、目を虚空《こくう》に向けた無念の形相に見えてくる。断末魔の苦しみか、口を開いてこと切れたのもいる。

「魚でも死ぬ時は水を飲みたいと思うものかしら」

と聞いてみようかと思ったが、また神経衰弱といわれるのがオチだから黙っていた。

そうなると、たたみいわしも駄目であった。

たたみいわしは父が酒の肴に好み、母がサッとあぶったのを食べよい大きさに割って父の皿にのせるのは私の役目と決っていたのだが、目が気になり出してからは、この沢山の黒いポチポチはみんな目なのだ、と思うと切なくなってくる。なるべくたたみいわしと目が合わないように、そっぽを向きながらやって、

「どこを見てやっているんだ」

と父に叱られていた。

シラス干も嫌いで、私ひとりだけ大根おろしにかつお節をかけて食べていた。鰹にだって目はあるのだが、見ぬこと清し、目の前に目玉がなければいいのである。


目が気になり出すと、尾頭つきを食べるのが苦痛になってきた。お刺身や切身の時はいいのだが、鯵《あじ》や秋刀魚《さんま》の一匹づけがいけない。

母や祖母にくっついて魚屋へゆく。見まいと思っても、つい目が魚の目に行ってしまう。どの魚も瞼《まぶた》もまつ毛もない。まん丸い黒目勝ちの目をしている。とれたては澄んだ水色をしているが、時間がたつにつれて、近所の中風病みのおじいさんの目のような、濁った色になる。焼いたり煮たりするとこれがまっ白になるんだ、と思うと悲しくて、なるべくお刺身や切身にしてもらうように、それとなく頼んだり駄々をこねたりした。

二つ切りなら尻尾のほうをもらう。鰈《かれい》やひらめのような底魚は、黒い方に目玉が二つ寄っているので、頭のほうがきたら、さっとひっくり返して皮の白いほうを出すと、少し気が休まった

「魚は眼肉《がんにく》がおいしいんだ」

と、目のまわりをせせって食べる父や祖母を、何と残酷なことをするのかと思っていた。そのくせ私も人一倍魚好きで、目玉は恐《こわ》いわ魚は食べたいわなのだから困ってしまう。

嫌なのは「骨湯《こつゆ》」である。

煮魚を食べ終ると、残った骨や頭に熱湯をさし、汁を吸うのである。私の体が弱かったせいもあって、滋養になるからと祖母は必ず私に飲ませた。私は目をつぶって飲んでいた。今はこんなことをする年寄りも少ないと思うが、昔の人間は塩気を捨てることを勿体ながり、祖母は小皿に残った醬油まで湯をさして飲んでいた。

行く春や鳥啼き魚の目は泪《なみだ》

芭蕉大先生には申し訳ないが、私は今でもこの句を純粋に鑑賞することが出来ない。白い木綿糸を通した針で、黒くしめった地面を突くようにして桜の花びらを集め、腕輪や首飾りを作る。うす紅色の、ひんやりと冷たいこの花飾りも乾いて茶色に色が変り、もう春もおしまいである。

藤色のうすいショールをした母が買物から帰ってくる。うぐいす色の塩壺からたっぷりと粗塩《あらしお》をとって、流しの盆ざるにならべた魚に塩をふっている。ならんだ魚の目が泣いたようにうるんでいる。

祖母の飼っている十姉妹《じゅうしまつ》のさえずるのが聞える。陽あたりのいい縁側の四角い鳥かごのまわりは、粟《あわ》の実がいっぱいこぼれている――こうなってしまうのである。

「そろそろ白麻の季節ですねえ、おばあちゃん」

父はお洒落で、夏になると毎日白麻の服で会社へ通っていた。

「また手入れが大変だ……」

「お父さんにそういって、今年こそ数を作ってもらいよ」

という母と祖母のやりとりが聞えてくるのである。縁側で白麻の服にプウッと頰をふくらませて霧を吹いている若かった母の姿が見えてくる。

そのうしろに、白麻の服を着て、カンカン帽やパナマ帽をかぶり、籐《とう》のステッキをつき、夏目漱石の出来損いのような口ひげを生やして威張っている父の姿が浮かんでくるのである。


猿の肉を食べたことがある。

四国の高松に住んでいた時分だから、小学校の六年の時だった、高知へ出張した父が、おみやげにもらってきた。

尻込みする母や祖母を叱りつけるようにして、父はすき焼の支度をさせた。曲々《まがまが》しいほど真赤な美しい肉だった。恐る恐る口に入れたら、牛肉や豚肉より甘味が強く、やわらかでおいしいような気がした。

ところが、嚙んでいるうちに、何か口の中に残る。小皿に出したら、黒い小豆粒《あずき》ぐらいのバラ弾丸《だま》であった。

「猿に弾丸が当ると、赤い顔からスーと血の気が引いて、見る見る白い色になる。それでも、猿はしっかりと指で枝につかまっている。遂に耐え切れなくなってバタンと下に落ちてくる。それからゆっくりと目をつぶるんだそうだ。相当年季の入った猟師でも猿を撃つのは嫌なもんだといっていたよ」

父は話し上手な人であった。

ビールの酔いで赤くなった父の顔が猿に見えた。祖母が嫌な顔をして箸を置いた。母は用ありげに台所へ立って行った。誰も箸を出さない猿なべが、こんろの上で煮つまっていた。

私は眠り人形を持っていた。

なかなか精巧なつくりの、大きな日本人形で、おなかのところに和紙を貼った笛のようなものがあり、押すと赤子のような声を立てて泣き、横にすると、キロンと音を立てて目をつぶった。

白い表情のない美しい顔も何やら恐ろしかったが、このキロンという音と目をつぶる瞬間が嫌で、私はなるべく見ないようにしていたが、猿のはなしを聞いてからは、祖母からもらった籐製の大きなバスケットの中に押しこめた。押しこめたくせに、どんな顔をしているか気になって時々のぞいていた。

鳥の目も苦手だった。

これも眠り人形と同じように、下瞼がキロッと上へ上る。それが恐くて、私はカナリヤや十姉妹をどうしても好きになれなかった。指にとまらせると、うす冷たい細い肢《あし》が、ギュウと獅噛《しが》むようにする。

好きな人にはそれがいいのだろうが、私は痛々しくて辛かった。

猫を飼っていて一番楽しいのは、仔猫の目があくときである。

仔猫は生れてから一週間ほどは目が見えない。二、三日でまぶたは開くのだが、中は葛桜で物の形はさだかに見えないらしい。体の割に大きな頭を持ち上げ、一丁前に鼻をピクつかせて風の匂いを嗅《か》いだりしている。

ところが、一週間から十日の間に、朝起きて見ると、四匹だか五匹の兄弟のうち一匹の片目が開いているのである。といっても、いきなりパッチリではなく、彫刻刀でスーと切れ目を入れたように葛桜のかげから黒い瞳がほんの少しのぞいているだけだが。

「お前が一番乗りかい」

開きかけの片目が気になるのか、前肢で掻いたりしているのをからかって遊んでいるうちにもう一匹の片目があいてくる。これも体の大きい順というわけでもないし、すばしこいのからというわけでもない。不思議なことに夕方までには全部の仔猫の目がパッチリと開く。中には、朝は一番乗りだったのに、残る片目が最後まで開かないのもいたりして、それがまた面白いのである。

不思議なのは、こうして目の開いたばかりの仔猫が、私の目をみて啼くことである。ちょっと大き目のおハギの大きさの仔猫である。彼等の目から見たら、人間はガリバーどころか、巨大な怪獣であろう。それなのに、教えられもしないのに、自分の目と、私の目が対応する器官であることを本能的に知っている。これは一体、どういうことなのだろう。

更に一カ月もたつと、寝そべっている私の体によじのぼって、大騒ぎをして遊ぶようになる。こういう時でも、踵《かかと》などには実に邪険に嚙みついたりするのに、顔には多少手加減している節がある。親猫になると、それはもっとハッキリしていて、目のまわりをさわる時は絶対に爪を立てない。このことを私はいつも不思議に思っている。

動物園へ行って、動物の目だけを見てくることがある。

ライオンは人のいい目をしている。虎の方が、目つきは冷酷で腹黒そうだ。

熊は図体にくらべて目が引っこんで小さいせいか、陰険に見える。パンダから目のまわりの愛嬌のあるアイシャドーを差し引くと、ただの白熊になってしまう。ラクダはずるそうだし、象は、気のせいかインドのガンジー首相そっくりの思慮深そうな、しかし気の許せない老婦人といった目をしていた。

キリンはほっそりした思春期の、はにかんだ少女の目、牛は妙に諦めた目の色で口を動かしていたし、馬は人間の男そっくりの哀しい目であった。競馬場でただ走ることが宿命の馬と、はずれ馬券を細かく千切る男達は、もしかしたら、同じ目をしているのかも知れない。

少し前のことだが、ある雑誌で絵入り随筆というのを書いたことがあった。

絵は、なんでしたらお子さんのでもお孫さんのでもよろしい、ということだったが、甲斐性なしで亭主もいないので、子供や孫の持ち合せがあろう筈もない。

仕方がないので、銀座へ出たついでに文房具店に寄ってスケッチ・ブックとペンテル・カーボンを買った。三十何年ぶりに絵を描いてみようと思ったのである。魚屋で鯵のいいのをみかけたので、それを一匹と、おこぜの顔をチラチラ眺めながら、目刺を買って帰った。

子供の頃、魚の目を恐がったことがあったのを思い出した。あのまま大きくなっていたら、吉行理恵さんのような繊細な詩や文章が書けたのかも知れないのに、戦争と食糧不足にぶつかったおかげで、目が恐いどころではなく、口に入るものなら、カボチャのつるでもご馳走様という始末で、人間が鍛えられたのか年のせいなのか、いまは鯛の眼肉など他人様の分まで頂戴してしまう。

変れば変るものだと思いながら、鰺の写生を始めたのだが、どうもヘンなのである。形はどうにか鰺なのだが、目がいけない。

愛嬌があり過ぎる。

目に表情があり過ぎる。

笑っているのもある。

鰺はあきらめておこぜにしてみた。目刺を描いてみた。どう描いても、女の目である。女の鰺であり女のおこぜであり女の目刺なのである。そして、どの魚も私に似ているようであった。

魚はやめにして、カボチャの絵を描きながら、魚の顔とは何とむつかしいものだろうと思った。

中川一政先生の水墨と岩彩を集めた画集『門前小僧』をめくってみた。

かさご、鰯、鰈にかさご。

見事に魚の面構えであり魚の目であった。

ところで、先ほどの「行く春や」の句には、もうひとつ蛇足がつく。

私の友人で、魚の目（この場合、サカナと読まず、ウオと読んで戴きたい）の出来易い人物がいる。

魚《うお》の目とは、踵や足の裏の角質層の一部が肥厚増殖して真皮内に深く嵌入《かんにゅう》したもので、これを圧迫すると乳頭内の神経が刺激され激痛を覚える、と辞書にものっている。

私は経験がないのだが、ひどく痛いらしい。この人物によると、冬場はまだいいという。桜も終って、厚いウールのソックスもおしまいだなという頃になると、うすい靴下で魚の目の痛みをこらえる辛さを思ってぞっとしてしまう。あれは一度出来ると癖になって、取っても取っても根絶やしにならない。その痛みは大の男でも涙が出ることがある。しかも、それがこの人物の季語なのである。

魚の目は小刀で用心しいしい掘り出すと、ポロリと取れる。真珠にしては小汚い、それこそ小鰺の目玉位のものですよ、ということであった。

行く春や鳥啼きウオの目は泪

この人にとって、俳聖芭蕉のもののあわれは、わが足許なのである。

隣りの匂い

父の仕事の関係で、転勤と転校の繰り返しで大きくなった。

小学校だけで、宇都宮、東京、鹿児島、四国の高松と四回変っている。場数を踏んでいるとはいえ、新しい学校へお目見えにゆく朝は、子供心に気が重かった。

「しっかりご飯を食べてゆけ。空《す》きっ腹だと相手に呑まれるぞ」

朝の食卓で、大きなご飯茶碗を手に、父が演説をする。

「先にお辞儀をするな。みんなが頭を下げるのを見渡してから、ゆっくりと頭を下げなさい」

いじめられるかどうかは、この一瞬で決るんだぞ、といいながら、朝刊を持った父がご不浄に立ってゆく。祖母は、母を突ついて忍び笑いをしながら、

「お父さん、自分のことといってるよ」

「聞えますよ、おばあちゃん」

子供たちと一緒で、父も新しく支店長として乗り込むのである。

母に連れられて学校へゆき、渡り廊下を通って教室へ歩いてゆく。母にはスリッパが出されるが、子供は靴下のまま廊下を歩く。これがいやだった。

「上ばきを持ってくればよかったな」

と思いながら、壁にはり出された図画や習字を横目で見て、字がうまいと少しおびえたりして教室に入る。教壇の横に立って先生の紹介を受け、

「礼！」

という号令で頭を下げあう。

下げてから父の演説を思い出すのだが、これは役に立ったためしがなかった。

人間より一日二日遅れて荷物が着く。

コンテナーなどない時代だから、洋服箪笥は木の枠を打ちつけ、皿小鉢は子供の習字の反古《ほご》紙などでくるんで、一貨車買い切って送るのである。夜なべで荷をあける母や祖母の手伝いをするのだが、気に入っていた紅茶茶碗が前の引越しで一個、今度の転任でまた一個欠けてゆくのを見るのが悲しかった。こわれものを取り出したあとの反古紙を、丁寧にしわをのばして仕舞い込む母の手つきを見ていると、この土地も二年か三年でまた転勤だなと思われて、土地にも物にも人間にも、別れの悲しくない程度につきあった

ほうがいい、という考え方が身についてしまったようだ。

生れたところで育ち、一生ひとつ土地で暮す人間とは、もとのところで考え方が違うような気がしている。

社宅を含めて、二十軒の家を転々としたので、自分の家の間取りも、高松の家と仙台の家が一緒になったりして、記憶もあやふやになっている。まして隣り近所のことは、子供だったせいもあり、歳月のかなたにかすんでいるのだが、三つ四つ忘れ難いものも残っている。

小学校一年の時に住んだ中目黒のうちは文化住宅のはしりであった。玄関の横に西洋館のついた、見てくれはいいが安普請の、同じつくりの借家が三軒ならんでいた。うちは左端にあり、そのまた左隣りは小学校の校長先生だった。

そもそも、この家に決めた動機というのが、隣りに教育者が住んでいるということだった。前のうちは宇都宮だったが、人気《じんき》が悪く、もともと遊び好きの私が、勉強をしない、と父も母も心配をしていたのである。小学校一年の女の子に、孟母三遷を実行したのだから、今から考えるとおかしいが、初めての子供で気負っていた若い両親の気持を有難いと思わなくてはいけないのだろう。ところがこの校長一家はみごとな放任主義で、

「子供に勉強なんかさせて何になりますか奥さん」

というご意見だったから、私はその家の女の子と天下ご免で遊び廻り、あてのはずれ

た母は落胆していたようであった。

この家に落着いた第一夜に、宴会で帰った父が、間違えて校長先生宅の玄関を叩き、

「おい、帰ったぞ。二十五円の家賃にしちゃいいうちじゃないか」

と大声でどなったりして、越した匆々《そうそう》から波瀾含みであった。

右隣りは歯科医だった。

栃木だか群馬の素封《そほう》家の息子だというおとなしいご主人と、美人の奥さんに男の子が二人いた。奥さんは、紅白粉《べにおしろい》を絶やさない人で、衣紋《えもん》を抜いたゆるんだ着つけをしていた。母や祖母のキッチリと衿を合せた野暮な着つけを見慣れた目には、冬など寒くないのかな、と心配になった。昼下りに三味線が聞えることもあり、もとは「芸者らしい」と噂されていた。ある晩、隣りで夫婦喧嘩があった。

芝居にゆくゆかないで揉《も》めたとかで、「そんな閑《ひま》があるならうちの中を片づけろ」とご主人に殴られた奥さんが生垣越しに、「ヘンな風に頭が痛いのよ」と青い顔をして母に訴えていたという。

翌朝、私が学校にゆくので玄関に出ると、隣りのご主人が門のところに立っていた。寝巻の前がはだけた格好で、ぼんやり遠くを見ていた。朝の挨拶をする私の姿も目に入らないようだった。

この時、奥さんは布団の中で冷たくなっていたのである。私が学校から帰った時、警

察や新聞社や近所の人でうちの前は黒山の人であった。この日ばかりはお八つもそこそこで表へ見物に出たのだが、どうも様子がおかしいのである。私を指さして、

「かわいそうにねえ」

という声がする。カメラを向ける人もあった。家の造りが同じなので殺人事件のあったうちの子供に間違えられているのである。うちに駆け込もうと思ったが、持ち前の弥次馬根性で、表に立って見ていたい。私は、いかにも、このうちの子ではないのよ、といった風に、少し陽気にマリをついて遊んだ。

あれから四十年たっているが、この日の、子供にしてはこましゃくれた気の遣い方は、朝早くぼんやりとおもてに立っていたご主人の姿と一緒にはっきりと思い出すことができる。我ながら嫌な子供だったなと思う。坂道の途中でどこか落着かない感じで建っていたこの家は最後まで好きになれなかった。それでいて、古いしみのように記憶の中にしがみついて取れないのである。


高松の社宅には、隣りがなかった。

父の会社が玉藻《たまも》城のお濠に隣り合って建っており、そのうしろに社宅があって、片隣りは海軍人事部であった。前には大きな改正道路、まわりは裁判所や空地で隣り近所は無いも同然であった。

私の勉強部屋は二階にあり、窓から海軍人事部の中庭が見えた。時々、七、八人の若い海軍士官が銃剣術の稽古をしていた。稽古といっても半分遊びのようで、のぞいている私に気づくと、おどけて挙手の礼をする士官もいた。私も敬礼を返した。

その中で、一番背の高い士官は、ひときわ颯爽と見え、その人に敬礼されると背筋がスウッと粟立つような気がした。私は女学校一年生であった。

桜の頃だったと思う。いつものように見物していたら、背筋の粟立つ長身の士官が、急に木の銃をほうり出してうずくまった。

今から思えば急所を突かれたのだろうが、ひきがえるのような格好でピョンピョン飛びはねている。居合せた士官が一斉に私の方を見た。私は窓をパチャンとしめた。それから間もなく、アメリカから偵察機が四国上空に飛来するということがあり、中庭の銃剣術は自然に沙汰止みになってしまった。

由緒ある城のお濠が、お勝手と茶の間の出窓の下に隣り合っているというのは、ひどく贅沢な気分になるものである。

冬は寒風が上ってくるし、夏場は蚊も多い。流しの排水管から、大きな蛇がいきなり鎌首を出し、祖母が洗いかけのお茶碗をおっぽりだして金切り声をあげて茶の間に飛び込むということもあったが、私はこのうちの茶の間の出窓に寄りかかって、お濠を眺めるのが好きであった。

春先には陽炎《かげろう》が立ち、天井にのどかな昼ねずみが走る。夏の夕方の、瀬戸内特有の夕なぎ時には、濠の水も煮立つように熱いすえた匂いを放つ。ゆっくりとうちわを使いながら魚も暑いだろうなあ、と思ったりするのである。水の色や匂いに四季があることを、私はこの茶の間で教えられた。

排水溝から上ってくるのか、ねずみの多いのが難で、父の会社の小使さんがよくねずみ取りをかけていた。

学校から帰って、ビスケットを食べながら濠を眺めていたら、小使さんがねずみ取りを下げて出てきた。中には小さなねずみが一匹入って、ビスケットのかけらをかじっている。

「私と同じビスケットだな」

と思った途端、小使さんは、ひものついたねずみ取りを濠に沈めた。少したって持ち上げた時、こと切れたと思ったねずみの口からビスケット色のドーナツのような輪が二つ三つ、水面に浮かんだ。それがねずみの最期だった。私は食べかけのビスケットを濠に投げ、しばらくの間、ビスケットを食べることが出来なかった。

二十代の終りから、ぽつぽつとラジオやテレビの仕事をするようになっていたが、家を出て別に住むようになったのは三十を過ぎてからである。

些細《ささい》なことから父といい争い、

「出てゆけ」「出てゆきます」

ということになったのである。

正直いって、このひとことを待っていた気持もあって、いつもならあっさり謝るのだが、この夜、私はあとへ引かなかった。次の日一日でアパートを探し、猫一匹だけを連れて移ったのだが、ちょうど東京オリンピックの初日で、明治通りの横丁から開会式を眺めた。

細い路地だが、目の下に、まるで嘘のように会場が見える。聖火を持った選手が、高い階段をかけ上るのを、高揚したような、ヒリヒリしたような気持で眺めていた。

父は二、三日口を利かず、

「邦子は本当に出てゆくのか」

とだけ母にたずねたという。

生れて初めてのひとり暮しは、霞町であった。マンションとは名ばかりのアパートだったが、静かな屋敷町の中にあるのは悪くなかった。

左隣りは、「T」と苗字《みようじ》だけの表札の出ている大きな家で女世帯のようであったが、犬好きらしく、白地に黒の斑《まだら》のあるハルクイン（道化師）と呼ばれるグレート・デンの牝がいた。巨体に似ず人なつっこいたちで、「リリイ」と名前を呼ぶと、どこまでもついてきた。一度など、私のあとからタクシーに乗り込んできてしまい、運転手は、青くなって車外へ飛び出し、「何とかして下さいよ」とどなっていた。仔牛のようなのがうしろの席に陣取って、運転手の耳のうしろをなめたりするのだから、たいがいの人はびっくりする。

このリリイがお産をした。

「奥さん」と呼ばれる人が、中庭で仔犬を見せてくれた。チャンピオンの子だけあって、すでに専門家によって値ぶみが済んでおり、上は二十五万、一番安いのは七万円だという。

偶然にも私が抱き上げたのが七万であった。今見ると、白地に黒の斑がいい具合なのだが、成長すると、黒の部分が多くなる。それで値が安いのだそうな。

「ナナマン！」

と呼ぶと飛んでくる。私はこの犬を買おうかなと思ったが、せまいアパート暮しと、餌代を考えると、どうなるものでもなかった。

それからすこしたって、グラマン男とかマッチポンプとか異名を取った政治家のことが新聞をにぎわすようになった。ひとつ火の手が上ると、矢つぎ早で、恐喝から脱税、はては愛人の数までが週刊誌をにぎわせた。

私はこのニュースを或る感慨をもって聞いていた。二十年近く前、一日だけ私はその政治家Tの事務所で手伝いをしたことがある。

学校は出たものの、コネもなく就職も決っていなかった私は、国会議員Tの秘書をしている級友のところへ立ち寄った。歌舞伎座のうしろの小さな事務所であった。Tは私に、よかったら私の秘書の下働きとして手伝わないかという。

「賭けごとは好きか」

と尋ね、嫌いだと答えると、

「気に入った」

とせっかちに話をすすめ、私が母の実家に居候をしているというと、事務所の上の部屋に寝泊りをしなさいという。新聞の綴じこみや陳情団の弁当を数えたりしているうちに夕方になった。保守系大物を招いて赤坂の料亭で宴会をするが、

「勉強になるからきなさい」

有無をいわさず車に押し込まれた。

Tは数寄屋橋のところで車をとめ、秘書に夕刊を買わせた。自分の記事を得意そうに読んでいたが、読めない漢字があった。

その夜の宴会は、大物政治家の裸踊り、氷の彫刻に伊勢海老の活き造り。末座に連なる私には、全くいい勉強であった。一足先に帰ろうとすると、Tは廊下で呼びとめ、

「靴を買いなさい」と封筒を押しつけた。五千円入っていた。秘書に返して靴をはいて

いたら、追いかけてきて家族は何人だとたずね、人数分のすし折が「おみやげだよ」と膝の上に置かれた。

その夜、私は仙台にいる父に手紙を書いた。面白そうだから、勤めてみたい。自分さえしっかりしていれば「大丈夫」だと思います——折り返し父が上京してきた。とんでもない、というので、首根っ子をつかまえるようにして仙台に連れもどされ、この話はおジャンになったのである。

友人達に、「惜しいことをした。ブラ下っていれば、第五夫人か第六夫人になれたのに」とからかわれていたが、或日、美容院で女性週刊誌をのぞいていて仰天してしまった。

Tの愛人宅の写真が何枚かのっていて、その一枚が、私のマンションの隣りのナナマンの家なのである。

迂闊《うかつ》な私は、五年間も全く知らないでTの家の犬と遊び「奥さん」と立ち話をしていたのである。新聞のほとぼりがさめた頃、Tは小菅刑務所から出所してきた。

お供の若い男に支えられるようにして着流しで散歩するTと出逢ったことがある。艶のない、鶯色のハトロン紙を貼りつけたような無表情な顔で歩いていた。

私は立ちふさがるようにして顔をのぞき込んだが、二十何年前、一度だけみた顔を相手は思い出す筈もなく、こわれたマリオネットのようなギクシャクした歩き方で遠ざかって行った。間もなく私は青山へ引越し、新聞でTの訃報《ふほう》を見た。

いまの隣人は、アメリカ人の家族である。マンション暮しのかなしさで、会釈《えしやく》程度のつきあいだから、トラブルもない代りこれといった情も湧かない。

だが、私にはひそかな楽しみがある。

夕方になると、匂いがするのである。今迄《まで》にかいだことのない香料の入ったシチューやスープの匂いがドアのすき間から漂ってくる。私は目をつぶってアメリカの家庭料理の匂いをご馳走になっているのである。

兎と亀

一度だけだが、外国でお正月を迎えたことがある。

五年前に、南米ペルーの首府リマで暮からお三箇日を過したのだが、この街の大晦日はなかなか壮観であった。おひる過ぎになると、オフィスの窓から、一年中の要らなくなった書類を一斉に路上に投げ捨てるのである。目抜き通りに立つと、高層ビルの窓という窓から、白い紙がまるで大判の雪のように降ってくる。昔は、不用になった机や椅子などもおっぽり出したそうだが、怪我人が出るので禁止され、今は書類だけに限られているという。

ペルーはちょうど日本の裏側で、大晦日といっても日本の五月の陽気である。鮮かな色の半袖シャツの男女が、にぎやかにふざけながら窓から身を乗り出して、或は細かく千切り或は大きいまま下にほうり投げる。捨てるほうも浮かれているし、頭から紙吹雪を浴びる通行人の方も弾んでいる。インディオの土産物屋のペットで放し飼いにされているリャーマの仔が興奮して、首の鈴を鳴らして走り廻っているのも可愛らしい。

路上はみるみる紙の雪が降りつもり、出動した市の清掃車が片づけていた。これがこの国の仕事納めであり大掃除なのだろう。

汗ばむほどの暖かさのせいか、日本の大晦日の切羽つまった感じはなく、年の瀬が越せないで一家心中といった雰囲気はどこにもないようにみえた。

夜の十二時が近づくと、サン・マルタン広場のスピーカーが、「コンドルは飛んでゆく」のメロディを流しはじめた。私達は、広場のすぐ前のボリヴァール・ホテルという古風なホテルに泊って、ニュー・イヤー・イヴのパーティにゆく準備をしていたが、同室の澤地久枝女史と一緒に身支度の手を休め、窓をいっぱいに開いて、もの哀しいメロディに聞き入った。これが私達の除夜の鐘であった。異国で新年を迎える感傷がちょっぴり胸をよぎり、地球の裏側で紅白歌合戦など聞きながら、おせち料理を突ついているであろう家族の姿が目に浮かんだ。

おもてへ出ると、ムウッと生暖かい夜の闇の中に、スペイン風の石造りの白い建物がおぼろにかすんでいる。パーティにゆくのかタキシードやイブニング姿が三人五人とかたまって、もやに浮かんでは消える。街灯が少ないせいか、いやに背高のっぽの影法師が車のヘッドライトの中に立ちふさがり、急に折れ曲って不思議なシルエットを石の壁に描き出している。

もちろん門松も注連飾《しめかざ》りもない。デコボコした石の舗道には、万事おおまかなこの国らしく、昼間の紙吹雪の名残りが散らばっていた。

お雑煮は日系二世のルイス・松藤氏のお宅でご馳走になった。

黒塗りのお椀に清汁《すまし》仕立てである。四角い切餅。結び昆布、椎茸、青いものに焼海苔が浮いていた。水のせいか塩と醤油の微妙な違いか、このお雑煮は私の口には少々磯臭く、お代りは失礼したが、故国のお正月への郷愁がこの一椀にせいいっぱいこめられているようで、切なかった。

お雑煮のあとのデザートは、日本ならみかんと相場が決っているが、ペルーでは、サボテンの実である。

あれは何という種類なのか、大きな拳骨ほどの鮮かなグリーンの実を小刀で割って、蛙の卵のような寒天状のものを取り出して食べる。

高価なもので滋養になるのだといわれたが、正直いって青臭く、

「おいしいでしょう」

といいながら見守る沢山の目の前で、微笑みながら呑み下すのはちょっとした努力が必要であった。

羽根をつく音もなく、獅子舞いもこない異国のお正月は、たしかにあっけらかんとしている。

日系二世、三世の、

「あけましておめでとう」

のあいさつも、広島なまりや和歌山なまりとスペイン語特有の巻舌のまじったエキゾチックな響きがした。

ルイス・松藤氏の末弟は、二十二、三の好青年だったが、まだ一度も日本を訪れたことがないという。おぼつかない日本語で、私達の話し相手をしてくれたが、このあと、澤地女史と私がアマゾン上流のイキトスという町に観光に出かけると聞くと、アマゾンの予備知識を授けてくれた。

彼は、アマゾンへいったら、ぜひ兎を見てくるようにと力説した。折角のご好意だが、兎なら日本にもいる。ところが彼は、

「河の兎よ」

と繰り返す。

「こんなに大きい兎よ」

と広げた両手は一メートルに近い。しかもその兎は泳ぐ、というのである。

白兎かと聞くと黒兎だという。

因幡《いなば》の白兎というのは聞いたことがあるが、アマゾンの黒兎というのは初耳である。しかも一メートルもあって泳ぐとは——。

胸がドキドキしてきた。

それにしても、泳ぐときあの長い耳はどうするのだろう。水が入らぬよう、潜望鏡のように立てるのかしら、と余計な心配が先に立って聞くと、

「耳はないよ」

という。

耳のない兎！　胸の鼓動は更に大きくなった。ますますもって珍種である。

「目は赤いんでしょ」

たたみかけて聞くと、突然彼はアッと叫んだ。

「ごめんなさい。兎と亀を間違えた」

移民として渡った一世のお祖母さんから、子守唄がわりに「兎と亀」のお伽噺を聞かされた。ウサギとカメという単語は覚えたが、日本語の実感のない悲しさで、取り違えたのだろう。

大笑いする私達と一緒に彼も笑い転げながら、一度も日本へ行ったことがないから、と呟《つぶや》いて、チラリと微妙なかげりを見せた。

彼等も、桃太郎やカチカチ山や浦島太郎のお伽噺は知っているのだろう。しかし、河

幅が何千メートルもあって、向う岸が見えない茶色く濁ったアマゾン河では、ドンブラコドンブラコと桃は流れてこないのである。

桃太郎や舌切り雀のおじいさんもおばあさんも、着物を着て、薪《たきぎ》をかつぎ、ツヅラを背負うから昔ばなしになるのである。ズボンをはき、スペイン語で、

「舌切り雀、お宿はどこだ」

とやっても、ピンとこないだろう。

「枯木に花を咲かせましょう」

と灰を撒いても芝居の雪のようにパラパラッと程よく散るお国柄ではないのである。大晦日の紙吹雪のように、空がまっ白になるかと思うほど、半紙大の大判がドサドサと降ってくるのである。

その国のお伽噺は、その国の言葉で、その国の風土の中で語られなくては駄目なのだ、と痛感した。

そして、体の中を流れる血と同じ言葉を持たない、お伽噺を持たない人生、というものを考えないわけにはいかなかった。

アマゾンにはたしかに「兎」がいた。

イキトスの町の露天市場で、大きな甲羅をならべて引っくりかえっていた。大きなナタで無造作に分断されたその肉は、バナナの葉を包装紙代りにして、一山百円ほどで売

られていた。

イキトスはリマから飛行機でおよそ三時間ほどだったと思う。二つの飛行機会社からそれぞれ一日一便しか出ていないのだが、私達がリマに着く直前の、クリスマス・イヴに、ランサという会社の飛行機が墜落してしまった。機種は、日本でもお馴染みのロッキード・エレクトラである。

墜ちた地点はアンデス山脈あたりということは判ったが、それ以上は皆目見当がつかない。乗客九十二名は絶望というニュースがペルーの新聞の一面に大きく報道されていた。

日本の場合だと国を挙げて捜索活動が開始され、テレビは遭難家族にマイクを突きつけご感想を求めたりするのだが、ペルーでは、そんなこともないらしく、第一、捜索機もお義理にチョイと飛んだきりで、お仕舞いなのである。物好きなアメリカ人が、パラシュートでジャングルへ降下して二重遭難したのがニュース種になる程度であった。

諦めがよいのかクールというのか日本人の感情ではどうも納得がゆかない。

ところが、ルイス・松藤氏にいわせると、

「あなたがたはアマゾンを知らない」

というのである。

ゴルフ場でヘア・ピンを一本落したとする。あなたは探しに出かけるか、と逆に質問されてしまった。

アマゾンのジャングルは、飛行機を呑み込むとまた閉じてしまう。探すだけ無駄だというのである。

澤地女史と私は顔を見合せた。

アマゾン行きは止めにしようか。

多分二人の目は、一瞬ひるんでいたような気がする。しかし、ペルーまできてアマゾンを見ないで帰るのは、何としても残念である。同じところで二度つづけて落ちることはないだろう、という確率論やら、恐いもの見たさのヘンに悲壮な強がりのまじった奇妙な理屈で、まわりの人間のとめるのも聞かず、行くことに決めた。

虎の子の一機が墜落して、ランサは開店休業である。仕方がないので、残ったフォーセットという航空会社に交渉して、何とか切符を二枚手に入れた。

飛行機は、大分古くなったＹＳ11である。

定刻を二時間も遅れてやっと離陸した。ほっとして隣りを見ると、澤地女史がハンドバッグをゴソゴソやっている。

この人は、『妻たちの二・二六事件』や『密約』『暗い暦』などという立派な著書を持つ昭和史研究家で、私とは正反対の几帳面で筆まめなタチである。

飛行機が離陸すると、私はぼんやりと下の景色を眺めているだけだが、この人はメモを取り出し、出国税、空港税に始まって、ホテル代、チップなどの諸費用から、円換算までをキチンと記載する。ホテルの名前、メニュー、逢った人物、観光した名所旧跡も細大洩らさず書き込むのである。

更に、どこで買ったのか手品の如く絵葉書を取り出すと、用意のアドレス・ブックをひろげて、日本の先輩友人などに手紙をしたためる。チラリと横目で眺めたら、筆無精の私に代って、私の母親にまで書いて下さろうという方である。

ところが、この時は、少し様子が違っていた。

バッグの中から取り出したのは、ダイヤの指環であった。彼女はそれを指にはめると勿体ぶって私の脇腹を突つき、三角形の目を更に三角にして、

「これがあるから何とかなるわよ」

と囁《ささや》くのである。つまり万一ジャングルの中に墜落しても、原住民にこれを進呈すれば何とかなる、というのである。

冒険ダン吉じゃあるまいし、羽根飾りのついた人食い人種につかまって、あわやカマユデというところを、ダイヤを進呈して危機を逃れるとは――。第一、飛行機が墜落して、二人だけ助かろうというのからして厚かましい。

あまりのことに、私はＹＳ11も揺らぐほど大笑いに笑ってしまった。彼女も、みごと

に大きな口をあいて笑っていた。

飛行機は無事イキトスの空港に着陸した。飛行場の整備が悪いのかパイロットの腕がよろしくないのか、ガタンガタンと非人道的なショックがあったが、ともかく、地面に着いた。

澤地女史は、おもむろに指環をはずすと、

「役に立たなくてよかった……」

大きな溜息と共に、大事そうに、銀色の布で出来た袋に仕舞い込んだのであった。彼女は帰りの飛行機でもこのダイヤのお守りを指にはめ、ご利益のおかげだろう、往きも帰りも飛行機は無事であった。

今でも、改まった会合があると、澤地女史はこのダイヤの指環をすることがある。

「なつかしいなあ。アマゾン・ダイヤじゃないの」

私は、ついからかってしまうのだが、因《ちな》みに、この時墜落した飛行機の乗客九十二人のうち、たった一人十七歳の少女が生き残った。しかも、たった一人でジャングルを脱出し、現場から二百キロも離れた地点で救《たす》けられたのである。私達がリマへもどった時、ユリアナ・ケプケという、インディオとドイツの血の混った野性的な顔をしたこの少女は、ペルーきっての大スターだった。

澤地女史の、キラキラ光るダイヤの指環を片目で見ながらアマゾンのジャングルを見下ろしていた私は、日本語の辞書の中には形容詞もみつからないこの凄まじいところから、女一人、どうして生きて帰れたのか、不思議でならなかった。

お正月の思い出といえば、袖の長い着物であり、新しい押し絵の羽子板でありお年玉である。或は、猪の肉の入った鹿児島のお雑煮であり、生のイクラの入った仙台のお雑煮である。

ところが、百人一首の中に一枚だけ極彩色のトランプがまじったように、一年だけ、異国のお正月風景があるのである。

窓から降る紙の雪。哀しい味のお雑煮、スペインなまりのおめでとう。青臭かったサボテンの実。兎と亀を間違えた二世の青年。そして澤地女史のアマゾン・ダイヤのきらめきも欠かすことができない思い出のひとこまなのである。

お八つの時間

「お前はボールとウエハスで大きくなったんだよ」

祖母と母はよくこういっていたが、確かに私の一番古いお八つの記憶はボールである。

あれは宇都宮の軍道《ぐんどう》のそばの家であった。五歳ぐらいの私は、臙脂《えんじ》色の銘仙の着物で、むき出しの小さなこたつやぐらを押している。その上に黒っぽい刳《く》りぬきの菓子皿があり、中にひとならべの黄色いボールが入っている。私はそれを一粒ずつ食べながら、二階の小さな窓から、向いの女学校の校庭を眺めていた。白い運動服の女学生がお遊戯をしているのが見えた。

初めての子供でおまけに弱虫だったから、小学校に入るまではたしかにボールとウエハス——待てよ、無学揃いの我家である。本当に球（ボール）と上蓮根（ウエハス）でいいのかしら。念のため明解国語辞典を引いてみたら、案の定違っていた。

ボオロ〔ポ bolo〕小麦粉に鶏卵を入れて軽く焼いた球型の菓子。

ウエファアス〔wafers〕西洋ふうの甘い軽焼せんべい。

四十数年間、ボールと思い込んでいたものがポルトガル語のボオロであったこと、ウエファアスの綴りはこうであったことが、やっと判ったわけである。のっけからこの有様だから何とも心もとないのだが、子供の頃に食べたお八つを思い出すままに挙げてみると次の通りである。

ビスケット。動物ビスケット。英字ビスケット。クリーム・サンド。カステラ。鈴カステラ。ミルク・キャラメル。クリーム・キャラメル。新高《にいたか》キャラメル。グリコ。ドロップ。茶玉。梅干飴。きなこ飴。かつぶし飴。黒飴。さらし飴。変り玉（チャイナ・マーブル）。ゼリビンズ。金米糖《こんぺいとう》。塩せんべい。砂糖せんべい。おこし。チソパン。木ノ葉パン。芋せんべい。氷砂糖。落雁《らくがん》。切り餡《あん》。味噌パン。玉子パン。棒チョコ。板チョコ。かりんとう――

きりがないからこのへんでやめておくが、昭和十年頃の中流家庭の子供のお八つは大体こんなところだった。

当時、父は保険会社の次長で月給九十五円。アンパン一個二銭だったそうな。今と違って子供はお金を持たされず、買い食い厳禁であった。学校から帰るとまず手を洗い、柱時計の前に坐って、三時を打つのを待つのである。戸棚には私は赤、弟は緑色と色分けされた菓子皿がならび、二、三種のお八つが入っていた。時計の針の進むのがいやにゆっくり感じられて、一度だけだが、踏台を弟に押えさせ柱時計の針を進ませたところ、どういう加減かビリビリッときて墜落し、少しの間フラフラしていたことがある。

うちの父は、正統派といえば聞えがいいが、妙に杓子定規なところがあって、新聞は朝日、たばこは敷島、キャラメルは森永がひいきであった。

だが私は、森永キャラメルのキューピッドのついたデザインは好きだったが、明治のクリーム・キャラメルの匂いと、グリコのおまけに心をひかれた。ところが、父はグリコに対して妙に敵意を持っていたようで、

「飴なら飴、玩具なら玩具を買え。飴も食べたい、玩具も欲しいというのはさもしい了見だ」

と機嫌が悪かった。四角四面の父は、グリコの押しつぶしたような自由な形も気に入らなかったのかも知れない。

この頃、一番豪華なお八つはシュークリームと、到来物のチョコレート詰合せであった。

特に大小さまざまな動物のチョコレートを詰合せた箱を貰うと、子供たちは緊張のあまり上ずってしまう程だった。長男の弟が一番、長女の私が二番目に好きなものを取るのだが、欲張って一番大きな象に手を出すと、中がガラン洞《どう》だったりする。小さい犬や

兎のほうが、中まで無垢《むく》のチョコレートでガッカリしてしまうのだが、こういう場合、父はどんなに弟が泣いても取り替えることを許さなかった。

さしてゆとりのない暮しの中から、母は母なりの工夫で四人の子供たちのお八つを整えたのだろうが、私は一銭玉を握って駄菓子屋へ飛び込む買い食いが羨ましかった。

ニッキ水やミカン水、お好み焼を食べてみたかった。どういう手段でお金を手に入れたか覚えがないのだが、親にかくれて当て物（いわゆるメクリ）をしたところ大当りで、赤いキンカ糖の大きな鯛をもらったことがある。うちへ持って帰れば叱られて取り上げられるのは判っていたから、学校の机の中にかくしたところ、体操の授業が終って教室へもどってみると、まっ黒に蟻がたかっていた。

バナナや氷水は疫痢《えきり》になるから駄目。たまに銀座へ出ても、食べさせてもらえるのはプリンとアイスクリームだけであった。綿飴とアイスキャンデーも絶対にいけませんのクチであった。どこの誰が使ったか判らない割り箸をろくに洗いもしないで使ってあるから不潔である、というのが理由である。私はこの十五年ばかりあと、親戚のうちに下宿した時に、初めてお祭りで綿飴を買った。買ったものの、その場で立ち食いが出来なくて、新聞紙にくるんでもらい、下宿めがけて駆け出したのだが、途中で知人に逢ってしまい炎天下で立ち話ということになった。やっと切りあげてまた駆け出してもどったが、あけてみたところ、ベタベタにぬれた新聞紙の中に、うす赤く染まった割り箸が一本転がっているだけであった。

昔の子供は聞き分けが悪かったのかそれとも親が厳しかったのか、お灸を据えたり押し入れへほうり込んだりの体罰はさほど珍しくなかった。子供のほうもさして恨みがましく考えず、撲《ぶ》たれようが往来へ突き出されようが、ワンワン泣くだけ泣くと、あとはケロリとしたものであった。私も、お灸こそ据えられなかったが、お八つ抜きのお仕置きは覚えがある。そんな時、弟は、

「お姉ちゃんが可哀そうだ」と、敷居の上に飴玉をのせ、金槌で二つに割って私に呉れたという。今でも姉弟でいい合いになると、母がその話を持ち出すので、私は旗色が悪くなって困ってしまう。

弟で思い出したが、私が小学校へ上った時に、父は私と二つ下の弟の為に机を作ってくれた。デザインは父で、仕事は近所に住む家具職人だった。腕はいいが子沢山で、ガランとして家具ひとつないうちで、年中派手な夫婦げんかをやっていた。折からの不景気で、父は見かねて仕事を頼んだらしい。

今思い出してもあれは何とも奇妙な机であった。飛び切り大型の机に、私と弟が入れ違いというか差し向いで腰掛けるようになっているのである。抽斗のほかに、脚にはランドセルや草履袋を入れる棚まで作りつけになっていた。モケット張りの椅子も弟のは

少し高めに出来ていたし、黒っぽく塗ったサクラの材質も仕上りも堂々たるもので、当時としても相当高価だったと思う。

他人の家を転々として恵まれない少年時代を送った父が、長男長女に子供の頃の夢を托した作品だったと思うが、残念なことに一人っ子の父は「きょうだい」というものを知らなかったようだ。

大人しくしているのは父の前だけで、私と弟は、やれノートが国境線を越えたの、消しゴムのカスを飛ばしたので、大立ち廻りのけんかとなり、大抵、一人は食卓で勉強という仕儀になったのである。

「お父さんがつまらないものを作るから」

と祖母と母は笑いながら陰口を利いていた。おまけに、素人の悲しさで、子供の成長を計算に入れなかったものだから、すぐに使えなくなってしまった。椅子と抽斗の間に足がはさまり、窮屈で坐れなくなったのである。

上物だが役立たずの大机は、それでも、十一回の引越しの半分をついてきたようだが、いつとはなしに処分されて見えなくなってしまった。

以前テレビでやっていた「ヒカリサンデスク」のコマーシャルを見るたびに、この父性愛の結晶である「きょうだい机」を思い出し、私はひとりで笑っていた。

あれはいくつの時だったか、たしか青葉の頃であった。私はこの机に一人で坐って、ふかし芋を食べながら母の「主婦之友」をめくっていた。汗ばんだひじに、ゆったりした大きな机は気持よかった。少女時代の照宮様の写真がのっていた。いい机だな、と初めて思ったような気がする。考えてみると、これがわが人生初めての机であった。

お芋のふかしたのは、当時よく出てくるお八つであった。衣《きぬ》かつぎや新じゃがのふかしたのもおいしかったが、何といってもさつまいもで、蓋がデコボコになったご飯蒸しから甘い湯気を吹き上げていた光景をハッキリと覚えている。

私は「おいらん」が好きだった。

薄くてうす赤い皮。紫色を帯びたねっとりとした白。細身の甘い「おいらん」はその名の通り女らしくやさしいおいもだった。

反対に「金時」は大ぶりで、黄金色にぽっくりして、――誰がつけたのか知らないが、この頃になって、この二つのネーミングは本当に素晴しいと思う。それにひきかえ、戦争がはじまってから出てきた「農林一号」は、名前もつまらないが、おいも自体も水っぽく好きになれなかった。この頃から、私達のお八つはだんだんとさびしくなっていった。

お八つは固パンと炒《い》り大豆がせいぜいだった戦争が終って、一時期父はカルメ焼に凝ったことがある。仙台支店長だった頃だが、夕食が終ると子供たちを火鉢のまわりに集

めて、父のカルメ焼が始まる。こういう時、四人きょうだい全部が揃わないと機嫌が悪いので、

「勉強もあるだろうけど、頼むから並んで頂戴よ」

と母が小声で頼んで廻り、私達は仕方なく全員集合ということになる。父は、自分で買ってきたカルメ焼用の赤銅《あか》の玉杓子の中に、一回分の赤ザラメを慎重に入れて火にかける。

「これは邦子のだ」

まじめくさっていうので、私も仕方なく、

「ハイ」

なるべく有難そうに返事をする。

砂糖が煮立ってくると、父はかきまわしていた棒の先に極く少量の重曹をつけ、濡れ布巾の上におろした玉杓子の砂糖の中に入れて、物凄い勢いでかき廻す、砂糖はまるで嘘のように大きくふくれ、笑み割れてカルメ焼一丁上り！　ということになる。うまく行った場合はいいのだが、ちょっと大きくふくれ過ぎたなと、見ていると、シュワーと息が抜け、みるみるうちにペシャンコになってしまう。こういう場合、子供たちはそんなものは見もしなかった、という顔で、そ知らぬ風をしなくてはならないのだ。

緊張のあまり、ハァ……と大きな吐息をもらしたら、それに調子を合せるようにカル

メ焼も溜息をつき、ペシャンコにつぶれてしまい、

「ヘンな時に息をするな！」

とどなられたこともあった。

こういう時、うちで一番の笑い上戸の母は、なにかと用をつくって台所にいたが、水仕事をする母の背中とお尻が細かに揺れて、笑っているのがよく判った。

私は子供のくせに癇が強くて、飴玉をおしまいまでゆっくりなめることの出来ない性分であった。途中でガリガリ嚙んでしまうのである。変り玉などは、しゃぶりながら、どこでどう模様が変るのか気になってたまらず、鏡を見ながらなめた覚えがある。飴玉だけでなく、何を焦《じ》れていたのか爪を嚙み、鉛筆のお尻から三角定規、分度器からセルロイドの下敷きまで嚙んで穴だらけであった。人の話を最後まで聞くことが出来ず口をはさむ。推理小説の読み方も我慢なしで、途中まで読み進むと、自分の推理が当っているかどうかが気になってついラストのページを読んでしまう、といった按配《あんばい》であった。

ところが、つい半年ほど前、入院生活を体験した。気がついたら私は飴玉をお仕舞いまでしゃぶっていたのである。病気が気持をゆったりとさせたのか不惑を越した年のせいか、嬉しいような寂しいような妙な気分であった。

子供はさまざまなお八つを食べて大人になる。

「なにを食べたかいってごらん。あなたという人間を当ててみせよう」

といったのは、たしかブリア・サヴァランだったと思うが、子供時代にどんなお八つを食べたか、それはその人間の精神と無縁ではないような気がする。

猫は嬉しい時、前肢を揃えて押すようにする。仔猫の時、母猫の乳房を押すとお乳がよく出る。出ると嬉しいから余計に押す。それが本能として残ったのだと聞いたことがある。子供時代に何が嬉しく何が悲しかったか、子供の喜怒哀楽にお八つは大きな影響を持っているのではないか。

思い出の中のお八つは、形も色も、そして大きさも匂いもハッキリとしている。英字ビスケットにかかっていた桃色やうす紫色の分厚い砂糖の具合や、袋の底に残った、さまざまな色のドロップのかけらの、半分もどったような砂糖の粉を掌に集めて、なめ取った感覚は、不意に記憶の底によみがえって、どこの何ちゃんか忘れてしまったけれど一緒にいた友達や、足をブラブラゆすりながら食べた陽当りのいい縁側の眺めもうすぼんやりと浮かんでくるのである。

そういう光景の向うから聞えてくるのは、私の場合、村岡のオバサンと関屋のオジサンの声である。昔、夕方のあれは六時頃だったのか、*子供ニュースというのがあって、村岡花子、関屋五十二《いそじ》の両氏が交代でお話をされた。この声を聞くと夕飯であった。このあと、「カレントトピックス」という時間があった。男のアナウンサーが、英語でニュースを喋《しゃべ》るのである。私は、これをひどく洒落たことばの音楽のように聞いていた。

それにしても私は自分に作曲の才能がないのが悲しい。*ハイドンの「おもちゃの交響楽」にならって、わが「お八つの交響楽」を作れたらどんなに楽しかろうと思うのだが、私はおたまじゃくしがまるで駄目なのである。

*編集部注。二二五ページ十六行目、「子供ニュース」は「子供の時間」、二二六ページ三行目、「ハイドンの『おもちゃの交響楽』」は、後にモーツァルトの父「レオポルド」の作と判明した。

わが拾遺集

はじめて物を拾ったのは七歳の時である。

宇都宮に住んでいた時分で、一家揃ってお花見の帰りに料理屋に上り、母と祖母は父の酒につきあっていたが、私と弟は退屈してしまい、帳場の脇の梯子段の下で遊んでいた。

天井の高い、だだっ広い造りで、ピカピカに磨き上げた板の間に黒塗りの脚の高い膳が重ねて積んであった。

梯子段は、板を渡しただけの形で、下からのぞくと板と板の間の細い隙間から、おりてくる女中さんの白足袋と脛《はぎ》が見えた。見上げていたら、頭の上から財布が降ってきた。酔った客が、女中さんでもかまいながら勘定に降りてきて落したものであろう。男物の大ぶりの財布だった。二つ下の弟が拾い、私を見て、ポカンと口をあけていた。

こんな幸先のいいスタートを切ったにもかかわらず、金運はここまでで、あとは落したり失《な》くしたり専門でロクなものを拾っていない。

落したものは、現金を筆頭に、ハンドバッグ二個、懐中時計、あとは傘、手袋といったところである。ところが拾ったほうは、犬猫にはじまって、せいぜい定期券、赤んぼうの毛糸の靴下ぐらいで、計算するまでもなく、かなりの持ち出しになっている。

女学校は四国の高松にある県立第一高女だが、入学してすぐ、運動会で鉢巻を拾った。最上級の五年生の名前が書いてある。

落し物は、職員室へ届けるのが規則だったが、軍国主義華やかだった頃でもあり、大和《やまと》撫子《なでしこ》の象徴である鉢巻を落すとは何事かなどと叱られるのも気の毒に思い、二、三人の級友がつきそってじかに届けに行った。

落し主は色白の大柄な人で、朝礼の時、号令をかけていたので見覚えがあった。三つ編にしたお下げが、神社の拝殿に鈴と一緒に下っている緒のように太かった。胸も腰のあたりも豊かで、やせっぽちの新入生から見るとまぶしい程の大人の女に見えた。

それから少したって体操の時間を終え、足洗い場で足を洗っていると、後ろから肩を叩かれた。先日の上級生であった。鉢巻の礼をいい、受持は何先生なの？　というようなことを聞いてから、不意に身をかがめ体を押しつけてきた。

「抜かせて上げる」

小さな声だったから、私は一瞬何のことやら判らず聞き間違えたのかと思ったが、彼女はもう一度同じ言葉を繰り返すと、自分の顎を突き出すようにした。唇の横にうぶ毛にまじって二センチほどの黒い剛毛が一本、ピョンと飛び出すように生えている。

その頃、私は父から家庭農園のひと畝《うね》を分けてもらい、落花生や茄子《なす》を丹精していた。雑草も小まめに引き抜いていたし、祖母の白髪を抜かされたこともあったが、まさか女学校の校庭で、上級生の口ひげを抜く羽目になろうとは想像もしていなかった。逃げようとしたが、上級生は私の体に手を廻したのか身動きが出来ない。金縛りにあったように動けなかったのかも知れない。

目を閉じた上級生の額には汗が玉になって浮かび、かすかに腋臭《わきが》の匂いがした。私は息をつめ、二度三度、しくじった挙句、やっと引き抜いた。

「また伸びたら抜かせて上げる」

ククとのどの奥で鳩のように笑うと上級生は走って行った。足洗い場の横の遊動円木が、誰かがはずみをつけて下りたのか、人も乗っていないのに揺れていた。何で鉢巻なんか拾ったのだろうと後悔しながら、丁寧に手と足を洗った。

この次は何といって断ろうか、口ひげはどのくらいで伸びるものなのか、気に病んだ覚えがあるが、間もなく父の転勤が決り、私も東京の女学校へ転校ということになった。

一学期の通信簿と編入試験のための書類を職員室で受け取り、担任の先生に見送られて一旦校門を出たのだが、学校のすぐ前の焼芋屋の前まで来たら足がとまった。あの上級生に挨拶せずに行くのは悪いような気になった。目をうるませて手を振って下さった担任の先生にもう一度逢うとバツが悪いので、ぐるっと廻って裏門から入り、二階の上級生の教室をのぞいた。学期末の大掃除の最中で、彼女は椅子にのぼって黒板の水拭きをしていた。ブルマーと体操服の背中で、太いお下げが大きく揺れていた。私は声を掛けずにそのままもどり、手すりにさわりながらゆっくり階段を下りた。一人だけ一学期でやめてゆく悲しみがひろがってきた。

日本橋の出版社へ勤めてすぐ、その社が女子編集部員の募集をした。料理や映画雑誌を出していたので、無料《ただ》で映画が見られると思ったのか、びっくりするほど沢山の応募があった。入社試験の後片づけにかり出されたのだが、そこで黒皮の手袋を片方拾った。驚いたことに、それは、四、五日前に国電の中で片方だけ落した私の手袋と同じものであった。

片方だけ失くした手袋ほど腹立たしいものはない。かなり高価だっただけに惜しくて捨てもならず、未練がましく取っておいたのである。短気を起さないでよかった。

私は庶務課へ手袋を届けて課長に事情を説明し、落し主が現われない場合は、私にお下げ渡し下さるよう約束を取りつけた。それからは一日一度は庶務課をのぞいて手袋の無事をたしかめ、社内一番の高齢である庶務課長の肩をお揉みしたりお菓子を買って配ったりした、その甲斐あってか手袋は私のものになった。喜びいさんでうちへ帰り、はめてみてガッカリした。拾った手袋は左手で、私が取っておいた片われの手袋も左手であった。

ハンドバッグを落したのは二個と書いたが、実はもう一個落している。ただし、こちらは紛失ではなく、ご不浄に落っことしたのである。

渋谷駅のそばに「とん平」という飲み屋がある。お世辞にも綺麗とはいいかねる店だが、独特の雰囲気があり、物書きや映画人のたまり場になっていた。私も大先輩の映画評論家に連れられて、ザコのととまじりで、飲みに通っていた。ここのご不浄に、茶色のバッグを落してしまった。二十年も前のはなしだから、水洗式ではない。

きまりが悪いのでそのままにして置こうかとも思ったのだが、もらいたての月給と、筆者に手渡す原稿料が入っていたこともあり、席にもどって、小さな声で白状した。途端に店中の客が総立ちになった。可哀そうだ、みんなで拾ってやろう、というのである。かわるがわる中をのぞき込み、バッグの手紐を釣り上げるやり方を検討して下すっている。私は申しわけなさと恥ずかしさで酔いもさめ果て、ご不浄の横に立っていた。

小さな店で客席とご不浄は木の扉一枚の仕切りである。戸を開けっぱなしで騒いでいるので、もうこのあたりで特有の匂いが遠慮なく店内に漂ってくる。身を縮めている私に、離れた席から、

「もともとションベン臭い店なんだ、気にするな」

という声が飛んできた。

間もなくバッグは釣り上げられた。

「釣れました。釣れました！」

と誰かが叫び、拍手と乾杯という声が起った。見ず知らずの人から私のところへコップ酒が届いた。バッグは、店のオニイさんが竹竿の先に引っかけ、その頃はまだ埋立てなかった川の上に突き出してバケツの水を何ばいも掛けてから返してくれた。

さあ落着いて飲み直そうということになったが、どうも落着かない。私の横のビニール袋に包んだバッグが、やはり匂うのである。皆さん紳士であるから、ひとことも口には出さないが、口数が少なくなってくる。私は一足お先に失礼することにした。

連れに車代を借り、私はタクシーに乗った。春先とはいえ、夜更けは肌寒かったが、私はタクシーの窓を開け、手を突き出して、バッグをくるんだ袋を窓の外にぶら下げるようにしていた。車が明大前を過ぎた頃、まだ若い運転手は、地方なまりの目立つ口調で感心したようにこういった。

「やっぱり、東京は人間が多いんだなあ」

彼は鼻をピクつかせてから、たばこに火をつけた。

「こやし、汲むのも夜中にやンだねえ」

その晩は、寝室の窓の外にある楓《かえで》の枝にバッグを引っかけて眠り、翌朝、口うるさい父が出勤してから、庭の真中で開けてみた。口紅もコンパクトもハンカチも全滅である。私は町なかの生れ育ちで、畑仕事や下肥えを丹精したことはないが、これだけの威力があればこそ、作物も大きく育つのであろうと、後ればせながら感心した。ほかのものは諦めたが、お金だけはそうはゆかない。汚れた紙幣をビニールに包んで、室町の日銀本店に行った。とん平の客の一人が、そうしなさいと教えてくれたのである。

入口の守衛さんに事情を説明しかけると、表情も変えずに「×番窓口！」とどなられた。指定の窓口へ行って驚いてしまった。前の晩の運転手のセリフではないが、東京は広い。ご不浄にお金を落っことすような頓馬《とんま》は私一人かと思っていたが、そうではないのである。三十人ばかりの人がひとかたまりになって順番を待っていた。

もっとも、全員が黄変紙幣の交換に来たわけではなく、半数は火事などで焼け焦げたりしたものらしかった。

名前を呼ばれて窓口へゆくと、白い上っぱりに大きなマスクをかけた行員が、天ぷらを揚げる時に使うようなバットに油切りの金網をのせ、ピンセットで私の汚した紙幣をならべている。
金額を確認させた上で、新しい紙幣と交換してくれた。最敬礼をしておもてへ出た。いい匂いのする空気をおなかいっぱい吸い込み深呼吸をして、筋向いの三越へ入って、取り替えた紙幣でミッチェルの口紅と財布を買った。この財布も、三年ほどで、落してしまった。

財布といえば、父にこんな話を聞いたことがある。昼間保険会社の給仕をして働きながら、虎ノ門の大倉商業の夜学に通っていた時分のことらしい。父は当時下町に下宿していたが、近所にひどく羽振りのいい初老の男がいた。株の仲買いをやっているといって、女房子供のない一人暮しで身綺麗に暮していた。自分の息子のように可愛がって、苦学生の父に、よく支那そばやワンタンをおごってくれた。気がつかない間に父の乏しい財布に一円札を入れて置いてくれることもあったという。

或時、その人の留守に、上り込む羽目になり、火鉢にかかった鉄瓶が吹きこぼれたこともあって、布巾を探すので茶箪笥をあけた。空の財布や札入れでいっぱいだった。悪いと思ったが、箪笥の抽斗を開けてみた。二棹《さお》とも、中はみな財布だったという。彼は掏摸《すり》だったのである。

父は几帳面《きちょうめん》なたちで、物を忘れたり落したりということのない人であったが、一度だけ、夜更けの玄関で、背広のポケットを押えて、

「あれ、月給袋、どうしたかな」

といったことがある。出迎えた母は、いつもはゆったりした口を利く人が、この時は黒柳徹子嬢も顔まけの早口で、

「車ですか」

と噛みつくようにたずね、ボオッとして立っている父を突きとばして転げるように表へ飛び出した。玄関から門まで五メートル、その先二十メートルばかりを足袋裸足《たびはだし》で走り、発進したばかりのタクシーに追いすがって呼び止め、車内をくまなく点検した。

月給袋は父の思い違いで別のポケットに入っていたのだが、若い時から駿足を誇り自分の名前の敏雄を説明する時、「機敏の敏」などと得意になっていた父は、母に突き飛ばされたまま呆然と玄関に立っており、日頃は、愚図だ、のろまだと父に怒られていた母が誰よりも早く飛び出したのである。

私も学生の頃、陸上競技に凝り、足では人に負けない自信があったが、あの夜の母にはかなわなかったであろう。そういえば母は空襲で我家に火が迫った時、外から雨戸をはずそうとして急に雨戸がはずれ、雨戸を一枚胸に抱えたまま、一間ほどうしろに飛んで、やわらかい芝生に着地してけがもなく平気な顔をしていたことがあった。あとで私

達もやってみたが、とても人間わざで、飛べたものではなかった。空襲の場合はともかくとして、父から受け取った月給で、育ち盛りの子供四人を抱えた六人家族が一ヵ月食べなくてはならないという責任感のさせたことであろうが、しばらくの間我が家では「お母さんのマラソン」が食卓の話題になり、そのはなしになると父は新聞をひろげて顔をかくして読みふけるフリをしていたようであった。

つい先だって、私は下町の縁日にゆき、久しぶりで達磨《だるま》落しをたのしんだ。昔なつかしい射的である。念を入れて狙ったつもりだが、達磨も怪獣も一向に落ちず、代りにスカーフを落してしまった。この分ではまだこれからも落すことだろう。考えてみると、財布や手袋以外の目には見えない、それでいてもっと大事なものも、落したり拾ったりしているに違いない。こちらの方は、落したら戻ってこない。その代り拾ったものは、人の情けにしろ知識にしろ、猫ババしても誰も何ともおっしゃらないのである。

昔カレー

人間の記憶というのはどういう仕組みになっているのだろうか。他人様のことは知らないが、私の場合、こと食べものに関してはダブルスになっているようだ。例えば、

「東海林太郎と松茸」

という具合である。

五つか六つの頃だったと思う。

夜更けに急の来客があり、祖母は私の手を引いて松茸を買いに行った。八百屋のガラス戸を叩いて店を開けてもらい、黄色っぽい裸電球の下で、用心深く松茸の根本の虫喰いを調べる祖母の手つきを見た記憶がある。そして、ラジオだか往来を通る酔っぱらいだったのか、東海林太郎の歌が聞えていた。

歌詞も覚えている。

〽ほうらおじさん　また来たよ
　強い光は　わしじゃない

何という歌なのか、前後はどういう文句なのか、いまだに知らない。たしかお巡りさんの歌のような気もするが、生来の横着者で、たしかめることもしていない。いや、この歌詞だって間違っているかも知れない。なにしろ私ときたら「田原坂《たばるざか》」の歌い出しのところを、

〽雨は降る降る　跛《ちんば》は濡れる

と思い込んでいた人間なのだ。

勿論、〝人馬は濡れる〟が正しいのだが、私の頭の中の絵は片足を引く武士である。どういうわけか、両側が竹藪になった急な坂を、手負いの武士が落ちてゆく。その中に足の傷を布でしばり、槍にすがってよろめきながら、無情の雨に濡れてゆく若い武士がいて、幼い私は、この歌を聞くと可哀そうで泣きそうになったものだ。

〽越すに越されぬ田原坂

最近、このことを作詞家の阿久悠氏に話したところ、氏は大笑いをされ、体を二つ折りにして苦しんでおられた。

「天皇とカレーライス」

という組合せもある。

半年ほど前の天皇皇后両陛下の記者会見のテレビを見ていて、急によみがえった記憶である。

これも冬の夜更けなのだが、幼い私は一人で雨戸を閉めている。庭はまっ暗で、築山や石灯籠のあたりに何かひそんでいそうで、早く閉めたいのだが、雨戸は何枚もあり、途中でひっかかったりして、なかなか閉まらない。

縁側もうす暗く、取り込んだ物干竿に、裏返しになった白足袋と黒足袋が半乾きのまま凍ってほつれた縫い目がこわばって揺れ、カレーの匂いが漂っていた。

この日私は、天皇の悪口をいって父にひどくどなられたのだ。

「そんな罰当りなことをいう奴にはメシを食わせるな！」

悪口といったところで、子供のことである。せいぜいヘンな顔をしたオジサンねえ、くらいのことだったと思うが、昔気質《かたぎ》で癇癖の強い父は許さなかった。御真影こそなかったが、父は天皇陛下を敬愛していたから、祖母や母の取りなしも聞き入れず、私は夜の食事は抜き。罰として雨戸を閉めさせられていたのだ。

ライスカレーは大好物だったから、私は口惜しく悲しかった。茶の間からラジオのニュースが聞え、「リッペントロップ」という言葉を繰り返した。私は涙をこらえ、

「リッペントロップ。リッペントロップ」

とつぶやきながら雨戸を閉めていた。

リッペントロップというのは、当時のドイツの外相の名前であろう。いずれにしても「天皇・ライスカレー・リッペントロップ」――この三題噺は私以外には判らないだろう。

こういう場合、叱られた子供は、晩酌で酔った父が寝てしまってから、母と祖母の給仕で、一人だけの夕食をしたらしいがその記憶ははっきりしていない。

ほととぎすと河鹿《かじか》と皇后陛下の声は聞いたことがない。私は長いこと、こんな冗談をいっていた。ふっくらしたお顔や雰囲気から、東山千栄子さんのようなお声に違いないと思い込んでいたので、開会の辞よりも井戸端会議のほうが似合いそうな、いささか下世話なハスキーボイスに、少々びっくりした。

七年前に死んだ父が、このお声を聞いたら何といっただろうか。

「井戸端会議とは何というい草だ。いかに世の中が変ったからといって、いっていい冗談と悪い冗談がある。そんな了見だからお前は幾つになっても嫁の貰い手がないんだ。メシなんか食うな!」

まあ、こんなところであろう。

子供の頃は憎んだ父の気短かも、死なれてみると懐しい。そのせいかライスカレーの匂いには必ず怒った父の姿が、薬味の福神漬のようにくっついている。

子供の頃、我家のライスカレーは二つの鍋に分かれていた。アルミニュームの大き目の鍋に入った家族用と、アルマイトの小鍋に入った「お父さんのカレー」の二種類である。「お父さんのカレー」は肉も多く色が濃かった。大人向きに辛口に出来ていたのだろう。そして、父の前にだけ水のコップがあった。

父は、何でも自分だけ特別扱いにしないと機嫌の悪い人であった。家庭的に恵まれず、高等小学校卒の学歴で、苦学しながら保険会社の給仕に入り、年若くして支店長になって、馬鹿にされまいと肩ひじ張って生きていたせいだと思うが、食卓も家族と一緒を嫌がり、沖縄塗りの一人用の高足膳を使っていた。

私は早く大人になって、水を飲みながらライスカレーを食べたいな、と思ったものだ。父にとっては、別ごしらえの辛いカレーも、コップの水も、一人だけ金線の入っている大ぶりの西洋皿も、父親の権威を再確認するための小道具だったに違いない。

食事中、父はよくどなった。

今から考えると、よく毎晩文句のタネがつづいたものだと感心してしまうのだが、夕食は女房子供への訓戒の場であった。

晩酌で酔った顔に飛び切り辛いライスカレーである。父の顔はますます真赤になり、汗が吹き出す。ソースをジャブジャブかけながら、叱言《こごと》をいい、それ水だ、紅しょうがをのせろ、汗を拭け、と母をこき使う。

うどん粉の多い昔風のライスカレーのせいだろう、母の前のカレーが、冷えて皮膜をかぶり、皺が寄るのが子供心に悲しかった。

父が怒り出すと、私達はスプーンが——いや、当時はそんな洒落たいい方はしなかった。お匙《さじ》が皿に当って音を立てないように注意しいしい食べていた。

一人だけ匙を使わなかった祖母が、これも粗相のないように気を遣いながら、食べにくそうに箸を動かしていたのが心に残っている。

あれは何燭光だったのか、茶の間の電灯はうす暗かった。傘に緑色のリリアンのカバーがかかっていた。そのリリアンにうっすらとほこりがたまっているのが見え、あれが見つかると、お母さんがまた叱られる、とおびえたことも覚えている。

白い割烹着《かっぽうぎ》に水仕事で赤くふくらんだ母の手首には、いつも、二、三本の輪ゴムがはまっていた。当時、輪ゴムは貴重品だったのか。

シーンとした音のない茶の間のライスカレーの記憶に、伴奏音楽がつくのはどういうわけなのだろう。

東山三十六峰　草木も眠る丑《うし》三つどき

なぜかこの声が聞えてくるのである。

その当時流行ったものなのか、それとも、この文句を、子供なりに食卓の緊張感とダブらせて覚え込んでしまったものなのか、自分でも見当がつかない。

いままでに随分いろいろなカレーを食べた。目黒の油面《あぶらめん》小学校の、校門の横にあったパン屋で、母にかくれて食べたカレーパン。出版社に就職して、残業の時にお世話になった日本橋の「たいめい軒」と「紅花」のカレー。銀座では「三笠会館」、戸川エマ先生にご馳走になった「資生堂」のもおいしかった。キリのほうでは、バンコクの路上で食べた一杯十八円ナリの、魚の浮き袋の入ったカレーが忘れ難い。

だが、我が生涯の最もケッタイなカレーということになると、女学校一年の時に、四国の高松で食べたものであろう。

当時、高松支店長をしていた父が東京本社へ転任になり、県立第一高女に入ったばかりの私は一学期が済むまでお茶の師匠をしているうちへ預けられた。

東京風の濃い味から関西風のうす味に変ったこともあったが、おかずの足りないのが切なかった。父の仕事の関係もあって、いわゆる「もらい物」が多く、暮し向きの割には食卓が賑やかなうちに育っただけに、つつましい一汁一菜が身にこたえた。

そんな不満が判ったのだろうか、そこの家のおばあさんが、「食べたいものをおいい。作ってあげるよ」といってくれた。

私は「ライスカレー」と答えた。

おばあさんは鰹節けずりを出すと、いきなり鰹節をかきはじめた。

私は、あんな不思議なライスカレーを食べたことがない。鰹節でだしを取り、玉ねぎとにんじんとじゃがいもを入れ、カレー味をつけたのを、ご飯茶碗にかけて食べるのである。

あまり喜ばなかったらしく、鰹節カレーは、これ一回でお仕舞いになった。

この家へ下宿した次の朝、私は二階の梯子段を下りる時に、歯磨き粉のカンを取り落してしまった。学期試験で、早く学校に行かねば、と気がせいているのに、雑巾バケツの水を何度取り替えて拭いても、梯子段の桃色の縞《しま》は消えない。自分のうちなら、「お母さん、お願いね」で済むのに……と、半ベソをかきながら他人の家の実感をかみしめたことを思い出す。

この家には私のほかにもう一人、中学一年の下宿人がいた。小豆島の大きな薬屋の息子で、そうだ、たしか岩井さんといった。色白細面のひょうきんな男の子だった。

私が、うちから送ってきた、当時貴重品になりかけていたチョコレートやヌガーを分けてやると、お礼に、いろいろな「大人のハナシ」を聞かせてくれた。

夜遅く店を閉めてから、芸者が子供を堕ろす薬を買いにくる、という話を、声をひそめてしてくれた。彼は、芸者を嫁さんにするんだ、と決めていた。

「オレは絶対に向田なんかもらってやらんからな」

と何度もいっていた。

長男だと聞いたが、家業を継いだのだろうか。少年の大志を貫いて芸者を奥さんにしたかどうか。あれ以来消息も知らないが、妙になつかしい。

ライスカレーがつかえて死にそうになったことがある。気管にごはん粒が飛びこんだのだろう、息が出来なくて、子供心に、「あ、いま、死ぬ」と思った。

大人からみれば、大した事件ではなかったらしく、母は畳に突っ伏した私の背中を叩きながら、話のつづきで少し笑い声を立てた。私は少しの間だが、

「うちの母は継母なのよ」

と友達に話し、そうではないかと疑った時期がある。子供というものは、おかしなことを考えるものだ。

カレーライスとライスカレーの区別は何だろう。

カレーとライスが別の容器で出てくるのがカレーライス。ごはんの上にかけてあるのがライスカレーだという説があるが、私は違う。

金を払って、おもてで食べるのがカレーライス。

自分の家で食べるのが、ライスカレーである。厳密にいえば、子供の日に食べた、母の作ったうどん粉のいっぱい入ったのが、ライスカレーなのだ。

すき焼や豚カツもあったのに、どうしてあんなにカレーをご馳走と思い込んでいたの

だろう。

あの匂いに、子供心を眩惑するなにかがあったのかも知れない。

しかも、私の場合カレーの匂いには必ず、父の怒声と、おびえながら食べたうす暗い茶の間の記憶がダブって、一家団欒《だんらん》の楽しさなど、かけらも思い出さないのに、それがかえって、懐しさをそそるのだから、思い出というものは始末に悪いところがある。

友人達と雑談をしていて、何が一番おいしかったか、という話になったことがあった。その時、辣腕で聞えたテレビのプロデューサー氏が、

「おふくろの作ったカレーだな」

と呟いた。

「コマ切れの入った、うどん粉で固めたようなのでしょ？」

といったら、

「うん……」

と答えたその目が潤《うる》んでいた。

私だけではないのだな、と思った。

ところで、あの時のライスカレーは、本当においしかったのだろうか。

若い時分に、外国の船乗りのはなしを読んだことがある。航海がまだ星の位置や羅針盤に頼っていた時代のことなのだが、その船乗りは、少年の頃の思い出をよく仲間に話

して聞かせた。

故郷の町の八百屋と魚屋の間に、一軒の小さな店があった。俺はそこで、外国の地図や布やガラス細工をさわって一日遊んだものさ……。長い航海を終えて船乗りは久しぶりに故郷へ帰り、その店を訪れた。ところが八百屋と魚屋の間に店はなく、ただ子供が一人腰をおろせるだけの小さい隙間があいていた、というのである。

私のライスカレーも、この隙間みたいなものであろう。すいとんやスケソウダラは、モンペや回覧板や防空頭巾の中で食べてこそ涙のこぼれる味がするのだ。

思い出はあまりムキになって確かめないほうがいい。何十年もかかって、懐しさと期待で大きくふくらませた風船を、自分の手でパチンと割ってしまうのは勿体ないのではないか。

だから私は、母に子供の頃食べたうどん粉カレーを作ってよ、などと決していわないことにしている。

鼻筋紳士録

自分のうちで犬を飼っている癖に、よその犬を可愛がるのは、うしろめたいが捨てがたいものがある。

うちの犬に済まないと思いながら、撫でたり遊んだりする。おなかひとつ掻いてやるにしても、うちの犬を凌《しの》がないように気を遣いながら、微妙な反応の違いを味わっているのである。

相手の犬も、飼主の目を盗んで、思いがけず大胆な一瞬の媚態《びたい》を見せ、飼主の目に気づくと素知らぬ振りをしたりする。浮気の楽しみとはこういうものかと遅まきながら目が開けた。

浮気の相手犬は数え切れないほどだが心に残るのが三頭いる。日本橋のなんとか山荘というスキー用具専門店のコリー、新宿コマ劇場通りの鉄砲店のポインター、渋谷道玄坂裏通りの洋品店で飼われていたブルドッグである。

特にブルドッグは、一番のひいきであった。日がな一日、店の土間で昼寝をしていたが、

「フク」

と名前を呼ぶと、目を閉じたままごろんと不細工に引っくりかえる。桃色の羽二重餅のようなおなかを掻いてやると、風邪っぴきが洟《はな》をかむような騒々しい声を出してよろこぶのである。

渋谷の恋文横丁はなやかなりし頃で、私は出版社につとめていたが、月給は安く「フク」と遊びたさに勤めの帰りによくこの店をのぞいたが、商売ものの「服」は遂に一枚も買わず仕舞いであった。

コリー、ポインター、ブルドッグとならぶなかで、どうしてブルドッグが一番可愛かったのか。私は自分で理由が判っていた。

鼻の格好のせいである。

自分の鼻にひけ目があるせいか、鼻筋の通ったコリーやボルゾイよりも、ボクサーやブルドッグがいい。狆《ちん》も悪くはないが、ああ低くてもかえってからかわれているようで落着かない。

「一生あぐらをかいて暮せる鼻ですよ」

私の顔を眺めながら慰めてくださる向きもあるが、これも当っているとは思えない。たしかに鼻の格好通り、あぐらをかいて行儀悪く暮してはいるが、人の上に立ち、物心共にゆとりをもってゆったりと暮すのがあぐらなら、私は正反対である。

ともあれ、私がコリーやボルゾイを引っぱって歩くことは、狆が犬を連れて散歩するのと変りはないように思えて、我家の飼犬はいつも鼻柱も尻尾も太い日本犬であった。

鼻といえば、友人の飼猫に「デンカウマ」というのがいる。

猫の背中を撫でると静電気が起きることがある。電気の起きやすい猫かと思ったが、それにしても猫を馬とはこれいかに、とたずねたら、

「殿下馬」

という字を書くという。

やんごとなきかたをお乗せする馬は、鼻面が長く気品のあるのが選ばれる。そういえば殿下の御料馬白雪号の写真を見たことがあるが、みごとに鼻筋の通った白馬であった。友人宅の「殿下馬」も、牡の虎猫だが細面の寄り目で、白い鼻筋が一本（当り前だが）みごとに通っていた。

馬の氏素性も鼻筋で決るのである。馬に生れなかったのが幸いで、私など田んぼでスキを引っぱるか、はやばやと屠殺場に送られて食肉用となるのがオチであろう。

鼻の格好で我家の家系図を作ると、父方はスーと鼻筋が通っているが、母方は丸くて小鼻が張っている。はっきりいえば団子鼻である。

スーと団子が一緒になって、四人の子供が生れたわけだが、鼻の具合といえば、長女の私が団子、弟がややスー、二番目の妹がスーで末の妹が団子である。

もっとも、末の妹の団子については、私にもすこしばかり責任があるかも知れない。妹が生れて間もない頃、私は縁側に腰をかけ、両足をぶらぶらさせながら、絵本を読んでいた。その頃父はシャボテンに凝っており、丹精した大小の鉢が縁側の下にならべてあった。そのとげが、私の両足の踵にささってしまったのである。私は悲鳴をあげながら、あとずさりした。

座敷では、乳のみ児の妹が、母衣蚊帳《ほろがや》をかけて昼寝をしていた。私は、あとずさりに母衣蚊帳の上から妹の顔の上に尻餅をついてしまったのである。

妹の泣声で祖母が飛んできた。

「おお、おお、可哀そうに」

祖母は妹の小さな鼻をつまみ上げるようにしながら、

「それでなくたってお前の鼻は麻布なのにねえ」

といった。

母の実家が麻布にあったことから、我家では鼻が丸くてあぐらをかいていることを麻布というのである。チチンプイプイとナンマンダブを繰り返して唱える祖母の鼻は、肉の薄い形のいい鼻であった。

今から考えると、うちの四人姉弟は、鼻の形で、二組に分かれて団結していた。スーはスー同士、麻布は麻布同士、組になって、兄弟げんかをしていたような気がする。鼻と気性は関連があるのかも知れない。

父は男の癖に人の顔かたちをあげつらうところがあった。

「邦子は鼻があぐらをかいているのだから、坐るときぐらいキチンと坐れ」

「目を大事にしろ。お前の鼻はめがねのずり落ちる鼻なんだから」

散々いっておいて、私がしょげると、

「鼻がなんだ。人間は中身と気だてだ」

というのだが、子供心に随分と傷ついた覚えがある。

父は自分の鼻の格好に、ひそかな自信を持っていた節がある。今から考えれば、格別どうというほどのことはない、平均的日本人の鼻なのだが、父親の名も知らず、学歴はなしかねはなし、人に誇れる身寄りのない父は、背の高いこと、記憶力のいいことと、鼻の格好のいいことぐらいしか、自慢の種はなかったのであろう。

結婚した時は落ち目になっていたが、母は幼い時、裕福に育てられた人であった。親兄弟の愛情にも恵まれ、稽古事も仕込まれてお嫁に来た。

父にない豊かさと明るさが、母のまわりにはあった。父はそれを愛したに違いないが、同時に嫉《ねた》ましさもあったのだろう。母や、母の実家をそしる時、鼻の形を口にすることがあった。

私は、父のこういうところが大嫌いだった。

そのせいかどうか知らないが、私は自分の書くテレビドラマの主人公は、男も女も、みな鼻の高くない人を想定して書いているような気がする。

キッツキのように高くとがった鼻をした人は感じかたもしゃべることばも、鼻の低い人間とは微妙に違うのではないかと、どこかで思っているふしがある。

子供の時分から、悲しい思いをさせられたわが鼻だが、整形手術をしようなどと考えたことは一度もない。今更、私の顔にカトリーヌ・ドヌーブの鼻がくっついても、ほかの造作が面喰うだけであろう。

長いことアメリカで暮している友人が里帰りをした。女ひとり仕事をして、かなりの成功をおさめていると聞いたので、早速お祝いにかけつけた。ところが、何だか変なのである。

二十年ぶりに逢うせいか、と思ったが、別の人と話しているみたいで落着かない。はっきりいうと顔が変っている。

相手もすぐ気づいたらしく、さらりとこういった。

「美人になったでしょ。アメリカへ行ってすぐ直したのよ」

日本人の外人コンプレックスは、背と鼻が低い、目が小さいの三つだという。背だけは直らないが、直るものはみな直したそうだ。私はやっと合点がいった。

彼女は目と鼻だけがアメリカ人であった。

ポスター展で世界の子供たちの絵を見たことがあったが、インドの子供の描く絵の中の顔はみなインド人である。私達にしたところで、へのへのもへじを描いても、日本人の顔になる。それと同じように、アメリカの整形外科医は、やはり生れ育った自分の国の顔を作ってしまうのであろう。

この顔には日本語より英語が似合うと思った。

その国の言葉は、声だけでしゃべるのではない。顔や髪の毛の色や目鼻立ちや、そういうものが一緒になってしゃべるものだということが判ったのである。

鼻にコンプレックスがあるせいか、歴史上の人物の肖像画や写真を見ると、真先に鼻に目がいってしまう。

私は心の中に二冊の紳士録を持っている。その分類は、国籍でも職業別でもない、鼻筋なのである。

Aの方には鼻梁《びりよう》が高く鼻筋の通った典雅な鼻の持主を書き入れる。

アインシュタイン、シュヴァイツァー、ショパン、ロマン・ローラン、バッハ、リンカーン、ボードレール、シェークスピア、近くば寄って美濃部さん。

キリスト様もこのグループに入る。

もしもキリストの鼻が、私のようにあぐらをかいていたら、キリスト教は今のように全世界にはひろまらなかったのではないか。天草の切支丹弾圧の時も、皆、馬鹿馬鹿しくなって踏絵を踏んでしまったのではないかと思えてくる。

芥川龍之介もAグループである。

水洟や鼻の先だけ暮れ残る

鼻の先のない人間には、こういう句はできないのである。もっとも、名作「鼻」を読むと、私からいわせれば貴族的な鼻だと思うが、ご当人は必ずしも気に入っていなかったようで、人間の贅沢はきりがないものだなと思ってしまう。

Bグループは、この反対に、高からず長からずの親しみやすい鼻の持主達である。

イプセン、チェーホフ、ベートーベン、シューマン、ヘミングウェイ、チャーチル、ピカソ。

失礼をかえりみず書き連ねると、井伏鱒二、松本清張、池波正太郎。馬鹿馬鹿しいと笑われるだろうが、私は音楽も文学も、鼻筋で分けてしまうのである。鼻筋スーのグループは思索的で正《まさ》しく華麗だがどこか底冷たいように思える。人類愛の権化といわれるお方もおいでになるが、私が困った時、相談にゆくのは、Bグループの方々であろう。

私は、部屋や抽斗の中を片づける整理整頓の能力が全く欠如している。そのせいか比較し分類することが不得手なので残念なのだが、姿や顔かたちから芸術家を論じて下さる評論家はおいでにならないのであろうか。その時、私の心の鼻筋紳士録のひそかな分類と、どう合致するかたしかめたい、と不遜なことを考えたりしている。

十年ほど前に、アンコール・ワットを見物にゆき、タイ国を廻ってきたが、小遣いの全部をはたいて、宋胡録《すんころく》の小壺を八十個ほど買ってきた。

大きなのを一個欲しかったのだが、見る目がないのと、帰りにもし割ってしまったらどんなに気落ちするだろうと考えたこと、一個を買うより、たとえ駄もの安ものであろうと、八十個を買う楽しみの方を取ったのである。

帰国してから、友人の紹介で、小山富士夫氏が見て下さることになった。物知らずというのは恐ろしいもので、お言葉に甘えて私は鎌倉のお宅にみかん箱いっぱいの小壺を持ち込んだのである。

氏は、私がもう結構です、と恐縮するほど丁寧に一個ずつ手にとって見て下すった。大は高さ十二センチから小は一センチ二ミリの白磁の壺である。

「この三つは、ミュージアム・ピース（美術館もの）だね」

というお墨つきをいただき、夕食のご馳走にあずかったのだが、豪快に盃を口に運びながら、小山氏はこういわれた。

「君の選ぶものは、みんな形が似ているねえ」

自分では気がつかなかったが、たしかにその通りである。いずれもずんぐりむっくりした、肩の張った丸い壺ばかりである。スーと伸びた、いわゆる鶴首《つるくび》の系統は一個もないのである。

そういえば、これも無理算段をして買った李朝白磁の三つの壺も、ひとつは提灯壺、ひとつはソロバン玉とよばれる形で、ほっそりしたのはない。

まさかとは思うが鼻の恨みはここにもあらわれているのかも知れない。

つい先頃、小学校の時の友人が掌に一個の小壺を載せて見せてくれた。

「これに見覚えはない？」

と笑っている。

私は小学校三年の時東京から鹿児島へ転校したのだが、仲のよかった友人に鹿児島から送ったのが、この小壺だというのである。

友人は、結婚する時もこれを持ってゆき、その後、忘れるともなく忘れていたという。最近になって、絶えていたつきあいが復活し、ゆききをするようになり、棚にならぶ小壺を見て思い出したのであろう。

薩摩焼の小壺で、貫入《かんにゅう》もよく入り、上りも悪くない。だが、私には、全く記憶がないのである。

小学校三年の女の子が、ほかに送るものもあるであろうに一体どういうつもりで小壺を友達に送る気持になったのか。どこの店で、誰について行ってもらって買ったのか、いくらだったのか。鹿児島の、よく行った天文館通りあたりを思い浮かべてみたが、さっぱり見当がつかない。

ただ、ひとつだけ判っていることは、その小壺が、うちにある八十個の宋胡録の壺の形とよく似ており、特に、一番気に入っている李朝白磁の中壺とそっくりのずんぐりむっくりした形だということであった。

私は友人に代りの壺を進呈するから、この壺を譲って欲しいと持ちかけたが、友人は掌に小壺を包み込み、笑いにごまかしてバッグに仕舞い込んでしまった。

高さ五センチにも満たない小壺に、四十年の歳月が入っている。わが生涯で、はじめて壺を選んだ、幼い目が詰っているのである。

薩摩揚

初めての土地に行くと、必ず市場を覗く。どこかで見たような名所旧跡よりも、ゴミゴミした横丁を、あっちの魚屋こっちの八百屋と首を突っ込み、お国訛《なま》りのやりとりを聞きながら、やはり金沢の魚は顔つきが違うなあと感心するほうが、遥かに面白いからである。

そんな一角にかまぼこ屋を見かけると、私は途端に落着かなくなる。それも、店先に油鍋を据えて薩摩揚を揚げていたら、その薩摩揚が平べったいのではなく、人参《にんじん》やごぼうの入っていない棒状のだったりしたらもう我慢が出来ない。

「多分駄目だろうな」

半分は諦めながらも、

「いや、もしかしたら……」

迷った挙句、結局は三、四本買ってその場で立ち喰いということになる。そして、いつも裏切られる。揚げ立ての薩摩揚は、その土地なりにそれぞれおいしいのだが、私にとっての薩摩揚は違うのだ。三十六年前に鹿児島で食べたあの薩摩揚でなくてはならないのだから、始めから無理な注文に決っている。

父の転勤にともない、東京から鹿児島へ行ったのは小学校三年の時だった。新幹線も関門トンネルもない時代で、東京駅から丸一日の汽車の旅である。祖母などは、誰におどかされたのか、

「鹿児島のお巡りさんは、夏場は丸裸で、褌《ふんどし》の上に剣を吊っているそうだよ」

父に聞えぬように小声で囁《ささや》いて、わが息子の栄転を恨んでいた。ところが、聞くと見るとは大違いで、当り前のはなしだが巡査はちゃんと制服を着ているし、食べものはおいしい、陽気はいいで、すっかり鹿児島が気に入ってしまったようだ。

今でこそデパートで地方物産展が開かれ、居ながらにして日本全国の名物が味わえるが、戦前は、その土地の食べものは、その土地へ行かなくては口に入らなかった。マスコミも発達していなかったから、どこの何がおいしいのか知識もなかった。

そのせいか、一抱えもある桜島大根や、一口で頬張れる島みかんに驚いたり、キビナゴという縦縞の入った美しい小魚や壺漬のおいしさに感動した。そして、どういうわけか我家は薩摩揚に夢中になった。

土地の人達は薩摩揚とはいわず、「つけ揚げ」という。ツッキャゲと少々行儀の悪い呼び方をする人もいた。たしか一個一銭だったと思う。物の安かった当時としても、これは安直なおかずであったらしく、母は毎日つけ揚げを買いに行くのはきまりが悪い、とこぼしていた。十部屋もある大きな社宅に住む分限者《ぶげんしゃ》が毎日つけ揚げでは、いかにもケチに見えたのだろう。分限者とは、土地の言葉で金持のことである。金持どころか我家は全く無資産だったが、高い石垣や大きな門構えから、私は学校でも「分限者の子」と呼ばれていた。

分限者の子は、通っていた山下小学校の帰りに、よく薩摩揚屋へ寄り道をした。練り上げた魚のすり身を、二挺の庖丁を使って太目の刺身のサク程の大きさに作る。それを刺身庖丁で切りとるようにしながら棒状にまとめて、たぎった油鍋へ落しこむ。シューと金色の泡を立てていったん沈み、みごとな揚げ色がついて浮いてくる。あれは胡麻油《ごま》だったのだろうか、香ばしい匂いと手ぎわのよさに酔いながら見あきることがなかったが、見物はいつも私一人だった。

大人の本を読むことを覚えたのも、この頃だった。納戸に忍び込んで父の蔵書の一冊を抜き取り、隣りの勉強部屋で読みふける。見つかれば取り上げられるに決っているから、万一に備えて『グリム童話集』や『良寛さま』など親に買ってもらった本を上に置き、抽斗を半分開けて用心しいしいの読書だった。

夏目漱石全集、明治大正文学全集、世界文学全集——一冊を何日かけて読んだのか、いや、子供心にどれほどのことが判ったのか、今にして思えば、何故あと三年五年待って、もう少し分別がついてから読まなかったのか全く悔まれるのだが、とにかく、鹿児島にいた足かけ三年の間に、このへんのところは全部「読んだ」ようだ。

当時はテレビなどほかに娯楽もなく、ままごとや人形遊びに物足らなくなった子供は、ボオッとしているか本を読むか、どちらかだったのではないだろうか。

学校から帰ると、ランドセルをおっぽり出して、抽斗をあけるのが楽しみだったが、あれは夏のことだったのか、開けたとたんに中から守宮《やもり》が首を出し、大騒ぎになったことがある。結局、人を頼んで守宮退治という騒動になり、私はかくした本が見つかりはしないかと肝をつぶしたが、格別叱られた記憶もないところをみると、両親は知っていたのかも知れない。

直木三十五の「南国太平記」は、面白くて面白くて、夜眠るのが勿体なくて仕方なかった。漱石の中では「倫敦塔《ロンドンとう》」を何度も繰り返して読んだし、バルビュスの「地獄」の中の、壁の穴から隣室のベッドシーンを盗み見る場面に衝撃を受けた記憶も残っている。「阿部定」のことを知ったのも、この頃だった。

級友に、フトン屋の子がいた。その家へ遊びにいった折に、小僧さん達が新聞をひろげながら、私達に聞かせるように声高に事件を話していた。綿入れにでも使うのだろう、だだっ広い二階の板の間で商売もののフトンに寄りかかりながら聞いたような気がする。フトン屋の子は、色白の大柄な口の重い女の子だったが、困ったように笑って私を見ていた。その日、桜島がいつもより烈しく煙を吹き上げ、市内に灰が降ったように覚えているけれど、子供の記憶だから当てにならない。

考えてみれば「阿部定」事件は昭和十一年である。私が鹿児島にいたのは昭和十四年から三年間だから、この記憶は事件当時ではなく、判決か仮出獄の記事だったのだろうか。いずれにしても、うちへ帰ってこの話題を口にしてはならないらしい、と見当がついたところをみると、おぼろげながら「事件」のあらましは判っていたのかも知れない。ともあれ、このあたりの記憶には何故か薩摩揚の匂いが漂っている。

匂いといえば、父が芸者衆に送られて帰ってきたことがあった。たしか松の内だったが、黒いトンビを着た父にまつわりつくようにして、三、四人の芸者が座敷に上った。びんつけ油と白粉《おしろい》の匂いだろう、祖母や母にない匂いが玄関から廊下に漂った。母は箪笥のカンの音を立てて手早く羽織を取り替え、にこやかに迎えていたが、茶の間に引っ込むと、

「子供は早く寝なさい」

と私達を叱りつけた。祖母は黙って火鉢の灰をならし、母は酒の燗をつけていた。客間から酔った父が出てきて、母の背にかぶさるようにして冗談口を叩き、お銚子を手にして、

「アチアチ……」

と珍しくふざけながら戻っていった。

嫉妬《しっと》という言葉も知らなかったし、夫婦の機微も判る筈はなかったが、それでもこの頃から今迄知らなかった大人の世界が、うすぼんやりと見え始めたようだ。

やはり同級生で、神主の子がいた。鳥集《とりだまり》神社という小ぢんまりしたお社《やしろ》が彼女の家であった。女のきょうだいの一番下で、子供のくせにお婆さんのような口の利き方をした。私たちはお賽銭《さいせん》箱の横に腰を下ろし、足をブラブラさせながら話をした。彼女は、

「お姉さんたちのすぐあとご不浄に入るとねえ……」

と声をひそめて、女は大人になると時々面倒なことになるらしい……と教えてくれた。

私は、横目で賽銭箱の中をのぞきながら、こんなに少ししか入ってなくて、暮して行けるのかしら、と心配しながら聞いていた。鼻先で、鈴の緒が揺れていた。人の手の脂でうす黒く汚れた紅い緒を見ながら、ああ嫌だな、と思った。それでも、読んだ筈の世界文学全集のさまざまな場面とは決して重なり合わず、それはそれ、これはこれと、まだ他人《ひと》ごとに思っていたのだから、本当のところは判っていなかったのかも知れない。

男の子の裸を見た、といって父に殴られたのもこの時分のことである。裏山で男の子の角力大会があった。私は弟と見物にゆき、ふざけながら帰ったとたん、父に烈しく頬を打たれた。

「お父さん、邦子を幾つだと思っているんですか、まだ子供でしょ」

体当りで私をかばった母にも父は鉄拳を振るってどなりつけた。

「子供でも女の子は女の子だ！」

年の割にませていた長女の私を、父はよくお供に連れて歩いた。縁日に連れていってやる、というので浴衣に着がえ、祖母に三尺帯を結んでもらっているところへ父が入ってきた。

「お父さんは今晩何を買うか当ててごらん」

という。当時父は「さつき」の鉢植えに凝っていたから、

「さつきでしょ」と答えると、途端にムッとした口調で、

「俺はカンの鋭い子供は大嫌いだ」

吐き捨てるようにいうと、サッサと一人で出掛けてしまった。それまで見たことのない顔をしていた。私が十歳とすると父は三十三歳である。自分と性格の似ている私を可愛がりながらも、時にはうとましく思った父の気持が、此の頃やっと判るようになった。

城山の麓に照国神社がある。そのすぐ前に靴屋があった。昔風の店だったが、そこのウインドーに、緑色のハイヒールが飾ってあった。外国製だろう華奢《きゃしゃ》なつくりで、足首にも緑色の細い紐がついていた。うちの一族は野暮天揃いで、当時ハイヒールをはくようなモダンな女は一人もいなかったから、私にはまるでそこだけ後光がさしているように思えた。

うちへ帰ってから、縁側でハイヒールをはいたつもりで爪立って歩いてみた。大きくつんのめって、もう少しでガラス戸に首を突っ込むところだった。目の前に桜島が煙を吐いていた。

社宅は上之平《かみのひら》といって、城山の並びの山の裾にあり、鹿児島市を一望のもとに見下ろせる高台であった。縁側に立つとすぐ前に桜島があった。

「空谷《くうこく》」という言葉を覚えたのも桜島のおかげである。いい言葉だからずっと気に入っていたのだが、この文章を書くに当って念のため辞書を引いて驚いてしまった。「空谷」というのは、遠くから山を見た時の谷間の陰翳《いんえい》のことだと思っていたら、人のいないさびしい谷のことだという。随分長い間思い違いをしていたことになる。

この言葉を教えてくれたのは、上門《かみかど》先生、内野先生、田島先生、どなただろうか。いずれも山下小学校の男の先生だが、この中で田島先生の思い出が鮮かである。大男で力自慢の田島先生は、受持ではなかったが、体操の時間に、「城山まで駆足！」などという時には、学年全体の指揮をとって、大声で号令をかけた。城山からの帰り道に、先生は電柱につながれていた馬の口をこじあけて、

「動物の年齢は歯を見れば判る」

と生徒に示した。嫌がって暴れる馬を、先生も必死の形相で押えこみながらの理科の授業だった。私はこの田島先生に、クラス全員の前で殴られたことがある。理由は忘れてしまったが、些細なことで、当時の私にはどう考えても殴られる理由は判らなかった。ただ東京から転校した私は、多少成績もよく、人もチヤホヤした。その頃からぼつぼつ烈しくなり始めた日支事変の英霊が帰った時など、学校を代表して、女だてらに公会堂で弔詞を読む、というようなこともあり、田島先生は苦々しく思っておられたのではないかと思う。確かに私はうぬぼれの強い生意気な小学生だった。生れて初めて父以外の人間に殴られた屈辱は残ったが、それでも田島先生のことは大好きだった。今でも、あの体当りの凄まじい路上の実地教育と、増上慢の鼻をへし折られた頰の痛さは、重ね合せてなつかしく思い出すことがある。田島先生が沖縄で戦死されたことを知ったのは、つい五年ほど前であった。

クラスにIという女の子がいた。

背も一番小さく、少し左足を引いていたので、体操の時間にはいつも一人だけ遅れて駆け出していた。

遠足の朝、級長をしていた私は、見送りに来たこの子の母親から大きな風呂敷包みを持たされた。ずっしりと重い包みの中は茹で卵で、「みんなで食べて下さい」という意味のことを聞き取りにくい鹿児島弁でいって子供の私に頭を下げた。私は今でも、茶色の粗末な風呂敷と、ほかほかと温かい茹で卵の重みを辛い気持で思い出す。

平凡なお嫁さんになるつもりだった人生コースが、どこでどう間違ったのか、私はいまだに独り身で、テレビのホームドラマを書いて暮している。格別の才もなく、どこで学んだわけでもない私が、曲りなりにも「人の気持のあれこれ」を綴って身すぎ世すぎをしている原点――というと大袈裟だが――もとのところをたどって見ると、鹿児島で過した三年間に行き当る。

春霞に包まれてぼんやりと眠っていた女の子が、目を覚まし始めた時期なのだろう。お八つの大小や、人形の手がもげたことよりも、学校の成績よりももっと大事なことがあるんだな、ということが判りかけたのだ。今までひと色だった世界に、男と女という色がつき始めたといおうか。うれしい、かなしい、の本当の意味が、うすぼんやりと見え始めたのだろう。この十歳から十三歳の、さまざまな思い出に、薩摩揚の匂いが、あの味がダブってくるのである。

かの有名な「失われた時を求めて」の主人公は、マドレーヌを紅茶に浸した途端、過ぎ去った過去が生き生きとよみがえった。私のマドレーヌは薩摩揚である。何とも下世話でお恥ずかしいが、事実なのだから、飾ったところで仕方がない。

ところで、鹿児島へは行ってみたい気持半分、行くのが惜しい気持半分で、あれ以来、まだ一度も行かずにいる。

卵とわたし

卵を割りながら、こう考えた。

と書くと、なにやら夏目漱石大先生の「草枕」みたいで気がひけるが、生れてから今までに、私は一体何個の卵を食べたのだろう、と考えたのだ。

一週間に四個として一年で約二百個。十年で二千個。とすると、私はかれこれ一万個に近い卵を食べた勘定になる。いま、東京では卵一個が二十円ちょっとだから金額にするとおよそ二十万円。それにしても一万個の卵とは、考えただけでそら恐ろしい。知人が、

菜の花や百万人のいり卵

という迷句を作ったことがあるが、まさに一万人のいり卵である。

子供の頃から、卵には随分とお世話になっている。

体が弱い癖に白粥《しらがゆ》が嫌いだったから、重湯からおまじりになり卵のおじやが許されるとひどく嬉しかった。氷が溶けて、プカンプカンと音のする生あったかい水枕に耳をおっつけながら、祖母に卵のおじやを食べさせてもらう。

起きれば起きられるのだが、私は満二歳にもならないのに弟が生れて、母のおっぱいを奪われてしまった。夜泣きする私に、母は乳首にとうがらしを塗ってしゃぶらせ、あきらめさせたという。そんなことも手伝って、甘えたかったのだろう。

アーンと口を開くと、祖母は、散蓮華《ちりれんげ》で、白身の固まりをよけ、黄身の多そうなところをすくって、フウフウと吹いては口に運んでくれた。祖母はお線香と刻みたばこの匂いがした。

卵焼といり卵は、しばしば登場するお弁当のおかずだった。最近は、児童のお弁当のおかずに、黄、赤、緑の三色が揃っていないと、父兄は先生から注意を受けるらしいが、昔は、卵焼にたくわんという黄一色でも、先生はなにもいわなかった。卵焼は上等の部類で、梅干に昆布のつくだ煮とか、足で踏んだのではないかと思う程御飯をつめ込み、その上に目刺が一匹、寝転がっている、などというお弁当を持ってくる子もいた。忘れたといって、毎日、お昼になると運動場でボール遊びをしている子もあった。

貧しいおかずの子や、あれは梅干の酸でそうなったのだろう、弁当箱の蓋に穴のあいている子は、かくして食べていた。机の蓋を立てたり、包んできた新聞紙をまわりに立てたり、食べる時だけ、弁当箱の蓋をずらしたり、かくし方もさまざまだった。先生は何もいわなかった。生徒の辛い気持が判っていたのかも知れない。

父の仕事の関係で、小学校だけでも四回転校しているので、名前も忘れてしまったのだが、お弁当のおかずが三百六十五日、卵という女の子がいた。あだ名をタマゴと呼ばれていた。

タマゴは、日本舞踊を習っていた。子供のくせに身のこなしに特有の「しな」があり、セーラー服がまるで和服を着ているように見えた。教壇で採点をしている男の先生にブラ下るようにして甘え、手首から先だけを撓《しな》わせて、

「ちょいと……」

という感じで先生の肩を撲《ぶ》った。

堅いうちに育った私には、まぶしい眺めだった。

日本舞踊はお金がかかるから、あのうちはおかずをつめているのよ、とみなに陰口をきかれていた。学芸会でタマゴは「藤娘」を踊った。私は、茹で卵が着物を着て踊っているような気がして仕方がなかった。

子供のけんかというのは、今になって考えれば全く他愛のないことだが、その頃は真剣だった。私は、告げ口をした、という理由で、Bという女の子と口を利かなくなった

時期がある。Bは陽の当らない三軒長屋のまん中に住んでいた。母も兄も結核で、Bも胸のあたりが削《そ》げたように薄かった。成績は芳しくなかったが声は美しいソプラノで、学芸会にはいつも一番前で、独唱した。私は、うしろでコーラスをしながら、Bのセーラー服の衿が、すり切れて垢で光っているのを見ていた。

口を利かなくなってから遠足があった。お弁当をひろげている私のところにBがきて、立ったまま茹で卵をひとつ突き出している。押し返そうとしたがほうり出すようにして行ってしまった。返しにゆこうとして手にとると、卵がうす黒く汚れている。よく見たら卵のカラに鉛筆で、

「あたしはいはない」

と書いてあった。

炊きたての御飯の上に生卵をかけて食べるのは、子供の頃から大好きだった。

ところが、我家では子供は二人に一個なのである。はじめから御飯に卵をかけてしまうと、おみおつけを残すから、というのが親のいい分であった。

私と弟と、二つの茶碗をくっつけて、母が一個の生卵に濃い目に醤油を入れたのを分けてくれる。長女の私が先である。ジュルンとした白身が必ず私の茶碗にすべり込むのを、

「あ」

と心の中で小さく声を上げながら眺めていた。白身は気持が悪いし、第一御飯に馴染まない。二番目に生れればよかった、と思ったこともある。今でも、フライを作っていて、とき卵を半分に分ける時、幼い日の、「あ」という感覚を思い出すことがある。

生卵を割った時、血がまじっていることがある。子供の時分は、「ウワア、気持が悪い」で済んでいたが、「おとな」になってからは少し違ったものになった。ひどくきまりが悪くて、困ってしまうのである。

朝の食卓で、割った卵が、それだと気づくと、私は家族の目から隠すようにして台所に立ち、黙っていり卵にした。

この頃になって女同士のあけすけな話のあい間に、私がこの話をしたところ、考え過ぎなのよ、と一笑に附されてしまった。

「わかるなあ。あたしにも覚えがあるわ」

といったのはただひとりだった。

地味な着物の衿元を娘のようにきつく合せ、コーヒー・カップの縁についた口紅を、疳性《かんしょう》にナプキンで拭きとっている人だった。卵ひとつにも女の性格が出るのかも知れない。

卵のカラには、どうして縫い目がないのか。

子供の頃から不思議で仕方がなかった。鶏のおなかのなかで、どうやって大きくなるのだろう。紙風船や、お饅頭を作ってみると判るが、丸いものの、綴じ終りというか、まとめにはひどく苦労をする。随分丁寧にしたつもりでも、ここで袋の口を閉じました、といった不細工な証拠が残ってしまうものなのである。しかし、卵は、どれをみても、どこが先やら終りやら、キズもほころびもないのである。

形も神秘的である。

卵をころがしてみると、尖ったほうを中にして直径三十センチほどの円を描いて、必ずもとの場所にもどってくる。絶対にまっすぐころがってゆかない。巣からころがり落ちても大丈夫なようになっているのだろう。

私は無神論者だが、こういうのを見ていると、どこかに神様がおいでになるような気がしてくる。

知人の姉が交通事故にあって亡くなった。買物の帰りに奇禍に遇《あ》われたのだが、買物かごの中の卵はひとつも割れていなかったという。

これは恐ろしいはなしだが、アメリカのニュースは楽しかった。随分前のことだが、イースターの前日に、ハイウェイで、卵を満載した大トレーラーが横転した。卵は全滅かと思われたが、たった一個だけ、割れないで残った卵があったという。この卵は、誰が食べたか、そこまでは書いてなかったが、どうも卵には不思議な力があるように思えてならない。

ブランクーシは卵形をモティーフに使う彫刻家だが、銀座の画廊で山県寿夫氏の卵と手をテーマにした木彫を見つけ、あたたかさに心打たれたこともあった。

卵の形で思い出すのは、マチスのエピソードである。

この人は大変な努力家で、毎日卵のデッサンをして死ぬ日までつづけたというのである。私は全く絵心のない人間だが、卵というものはどう描くのかと思って、やってみた。実にむずかしい。どうしても卵にならない。丁寧に描くと石ころかじゃがいもになってしまう。肩の力を抜いて、一息に描くと、鳥の子餅になってしまうのである。

小学生の頃、チャボを飼ったことがある。

庭にかごを伏せて、つがいが餌をついばんでいた。コロッとした小ぶりの持ち重りのする卵が家族の人数だけ貯まると、朝の食膳に乗った。私は、チャボが卵を生むところが見たくて、首を斜めにしてのぞいていたが、首が痛くなるだけで、とうとう現場は見ず仕舞いであった。

日支事変がはじまった頃で、学校で慰問文というのを書かされた。

私はよくこのチャボのことを書いた。今日は卵を生んだとか、突つかれたとか。うちの庭から見える桜島の煙がどっち側にたなびいているとか、五右衛門風呂の焚き口で火をつけようと思ったら、落葉と同じ色をした庭の主の大きながま蛙がはい出してきたとか、そんなことを書いて出した。

ところが、受け取った兵隊達が、帰るとうちを訪ねてきた。

戦局もまだ激化しない頃だったから、転戦か一時帰国なのか、革と汗のにおいのする軍服が、うちの玄関に立って敬礼して、あの慰問文はとても嬉しかったといわれると、感激屋で外面《そとづら》のいい父は、よく料理屋へ招待をした。物入りで困ると母は愚痴《ぐち》っていたが、

「兵隊さん、私達は、出征兵士の留守家族の田植えのお手伝いをしています。銃後の守りは大丈夫です」式の四角四面の手紙より楽しかったのだろう。

この頃、つい忙しさにかまけて、紋切り型のはがきを書いてしまうが、三十五年前の初心にかえらなくてはいけないな、と思っている。

卵にも大と小がある。

勤めていた出版社がつぶれかけて、私達は毎朝出勤すると、近所の喫茶店に出掛けて、対策を協議していた。

月給は遅配。著者に支払う原稿料は半年も滞っている。小企業の悲哀を味わいながら、転職するか、踏みとどまるかの議論の中で、モーニング・サービスについてきた茹で卵がばかに小さかった。誰かが、

「やっぱり小さいとこ（会社）の人間には、小さい卵を出すんだなあ」

とふざけたら、店の女主人が飛んできてムキになって説明をしてくれた。

卵には大卵、中卵、小卵、極小卵という規格がある。モーニング・サービスは、予算の関係で、小さいのを使うんです。と、ケースごと見せてくれた。みごとに小さい卵がならんでいた。

いつ茹でたのか、冷たかった。

むくと、卵が古いのか、茹でかたがまずいのか、ツルリとむけず、皮に白身がついてきた。私はその頃から、ラジオの台本を書き始めたのだが、人生の転機というか、ひとつの仕事と次の仕事の、レールのつぎ目の不安なところに、小さくて冷たいでこぼこの茹で卵があった。

人間にも、卵アレルギーがあるが、犬や猫にも卵の好きなのと嫌いなのがいる。

以前飼っていたビルという虎猫は、卵が大好物であった。五歳の牡だったが、肺炎にかかった。獣医師のお世話になり、注射でいったんは落着いたのだが、寒い晩に、牝猫

の呼ぶ声に誘われてガラス戸に体当りして外泊、朝帰りして、再び悪化したのだ。

何をやっても受け付けない、水も飲まない。そんな時に友人が、

「生卵にブランデーと砂糖をまぜて飲ませてごらん。臨終の人間は、これを飲むと何時間か保《も》つというから、猫にも効くだろう」

と教えてくれた。

うちにはブランデーの買い置きがなかったから、私は酒屋に走り、いわれた通りのものを作って、まず、自分でなめてから、指先につけて、ビルの鼻先にもっていった。彼は、白っぽくなった舌を出して、チロリとなめたが、これは私へのお義理だったのか、あとは頑《かたく》なに拒んで駄目だった。

ビルは、縁側のガラス戸のところに坐っていた。美しかった毛並みもそそけ立ち、痩せて体力がないのか、体が前後に揺れている。突然、庭に向って、

「オーン、オーン」

今まで聞いたことのない声でないた。犬の遠吠えみたいだな、と思って、庭をみたら、植込みのかげに一匹、石灯籠のかげに一匹、松の枝の上に一匹――かれこれ七、八匹の猫がうずくまっている。

ただでさえ、さびしい冬の夕暮れである。死んでゆく友に、別れの挨拶をしに集まったのだろうか。背筋が寒くなった。

翌朝起きた時、ビルは徹夜で看病をした母の膝で冷たくなっていた。そばに、黄色く乾いたブランデー入りの生卵の入った猫の皿があった。その皿ごと、彼がよく登って遊んだ松の根かたに埋めてやった。

人を殺したいと思ったこともなく、死にたいと思いつめた覚えもない。魂が宙に飛ぶほどの幸福も、人を呪う不幸も味わわず、平々凡々の半生のせいか、わが卵の歴史も、ご覧の通り月並みである。だが、卵はそのときどきの暮しの、小さな喜怒哀楽の隣りに、いつもひっそりと脇役をつとめていたような気がする。

わが卵の歴史の中で、切ない思い出は何といっても戦争中の乾燥卵であろう。どう工夫して料理しても、ザラザラして味気なかった。戦争の思い出も、どう美化してみても、ザラザラした辛いものが残る。

昔のことばかりいうと歳が知れるが、どうも昔の卵はおいしかったような気がする。鶏がとうもろこしやこぼれた米や地虫をついばんでいた頃のほうが、混合飼料で促成に育った昨今より、カラは固く、黄身の色も濃く、こんもりと盛り上っていた。

タイ国から遊びにきた知人は、「日本の卵は生臭い」といって食べない。ぬくもりも違っている。

昔、卵は、ザルで買いにいった。冷蔵庫などなかったから買い置きは出来なかったが、掌に包むと、生きている実感があった。今の卵は冷たく、死んでいるような気がする。

文句ついでにいえば、昔の卵は、もっと大きかった。いや、これは思い違いかも知れない。

死んだ父がいっていたのだが、父は子供の時分、ひどい貧乏暮しで、冬の七尾の町を、よくお米を買いにやらされた。

雪の中を、こごえた手で金を握ってゆくのだが、子供心に、うちから米屋まで随分遠いと思った。ところが、おとなになって、その道を歩いてみたら、意外に近いのでびっくりした、というのである。

貧しくて、おなかがすいていたこともあったろう。寒く辛かったから、余計遠いと思ったのかも知れない。しかし、一番大きな原因は、

「子供は小さい」

ということだ。父はそういっていた。

たしかに、子供の頃は、まわりのものがみな大きく思えた。大人は背が高く立派にみえた。うちの天井は高く、学校までの道のりも遠かった。夜、ご不浄へゆく廊下も長く感じた。

卵が大きかったのではないのだろう。私の掌が小さかったのだ。

あとがき

三年前に病気をした。病名は乳癌である。

病巣は大豆粒ほどで早期発見の部類に入るそうだが、この病気に百パーセントの安全保障はない。退院してしばらくは、「癌」という字と「死」という字が、その字だけ特別な活字に見えた。

眠りの中でまで癌ということばに怯《おび》えながら、私は、気持の半分ではこの字に知らん顔をして暮すことにした。厄介な病気を背負い込んだ人間にとって、一番欲しいのは「普通」ということである。私は気が弱いのであろう、病気を話題にされ、いたわられたりした場合、気負わず感傷に溺れずにいる自信がなかった。

病名を言いたくないもうひとつの原因に老いた母のことがあった。母は心臓の持病があり、主治医からショックを与えないようにといわれていた。親にとって、子供はいくつになっても子供である。それでなくても嫁《ゆ》き遅れの長女のさきゆきを案じているのに、この病名を告げることは入院患者を二人にする恐れがあった。

番組を下りる、という形で迷惑をかけたテレビの関係者には、はっきりと病名を告げて詫びを言い、見舞いに甘いものとリンゴはご勘弁下さいと書いたりしたが、以後私は口をつぐみ、すすんで病名を言ったことは殆どない。

「銀座百点」から、隔月連載で短いものを書いて見ませんか、という依頼があったのは、退院して一月目である。どうやら私の病気のことはご存知ない様子である。

その頃、私は、あまり長く生きられないのではないかと思っていた。病気の発見から手術までの経過に、多少心残りな点があったことと、輸血が原因で血清肝炎になり、寝たきりのところへもってきて、手を動かさなければ固まってしまう傷口の拘縮《こうしゆく》期が絶対安静の期間とぶつかり、右手が全く利かなくなったことが原因であろう。ひどい時は、水道の栓をひねることも文字を書くこともできなかった。

考えた末に、書かせて戴くことにした。

テレビの仕事を休んでいたので閑《ひま》はある。ゆっくり書けば左手で書けないことはない。こういう時にどんなものが書けるか、自分をためしてみたかった。テレビドラマは、五百本書いても千本書いてもその場で綿菓子のように消えてしまう。気張って言えば、誰に宛てるともつかない、のんきな遺言状を書いて置こうかな、という気持もどこかにあった。

何様《なにさま》でもない平凡な一家族の、とりとめない話をする面映《おもは》ゆさはあったが、子供の頃を思い出し思い出しして書いているうちに、気持も右手も柔かくなってくるのが判った。連載は編集部のおすすめに甘えて、二年半お世話になり、思いがけず一冊の本として世に出ることになった。

一年目あたりから、読んで下さった方から手紙や電話を戴くようになった。「暗い」という感想を恐れたが、そういうことはなかった。「笑いました」と聞くと、ほっとした。

文章という形でまとまったものを書いたのは初めての経験である。一冊にまとめるに当って、三年前の未熟も目についたが、左手で書いたものを右手で書き直すのは可哀そうである。敢えてそのままお目にかけることにした。

ところで、「銀座百点」に私を推輓《すいばん》して下さったのは、車谷弘氏（文藝春秋相談役）である。私は車谷氏にも病気のことを申し上げなかった。連載が終った時に報告してびっくりさせて差し上げるつもりでいた。ところが、車谷氏は病を得て入院をなさった。風邪をこじらせた、ということであったが、人伝てに伺う病状から、肺という字の下に、私と同じ病名がつくのではないかと察せられた。そうなると何も言いだせず、お見舞いも出来ないままで、氏はこの四月亡くなられ、私はお礼を申し上げる機会を永遠に失くしてしまった。これだけは心残りである。

はじめの一年、「癌」と「死」の字が目に飛び込んだと書いたが、二年目に入ると、「生」という字が心に沁みた。しかし、この頃では、三つの字を見ても前ほど心が騒がなくなった。

一番の薬は三年という歳月であるが、文章を書くことを覚え始めた張合いも精神安定剤の役目を果したようだ。この一冊は病気が呉れたささやかなお釣りともいえる。

締切を守らないずぼらな私のために何度も足を運んで下さった「銀座百点」の佐々木道世嬢、「文藝春秋」の新井信氏、装幀を引き受けて下さった江島任氏にお礼申し上げます。

再び私事にもどって恐縮だが、母にはあとがきを書き終えたところで、三年間だましていた親不孝を謝るつもりでいる。陽気がいいせいかこのところ母は元気である。気丈なところのある人だし、私もいまのところ再発の兆《きざ》しなく、普通に仕事をしているから、ありのままを受けとめてくれると思う。

「父の詫び状」は、そのまま「母への詫び状」になってしまった。

昭和五十三年十月

向田邦子

解説

沢木耕太郎

1

ある時、何気なく小説雑誌の随筆欄に目を通していて、誰が書いたとも意識しないまま魅《ひ》き込まれるようにして読み終えた文章があった。「消しゴム」と題されたそのエッセイは、四百字詰めの原稿用紙にして六枚か七枚ほどの短いものだったが、私には同じ雑誌に載っている他のどんな小説よりも小説らしく感じられた。

《軀の上に大きな消しゴムが乗っかっている》

それはこのような意表をつく書き出しで始まっていた。……スナックから家に戻り、ほろ酔いの状態でソファに寝そべっていると、畳一枚ほどの大きさの消しゴムが、まるで毛布かなにかのようにふんわりと乗っかっているような気がしてくる。そのうちに、それはマットレスほどの大きさに膨れあがり、いくらか重たく感じはじめるが、甘だるい疲労感から別に取《と》り除《の》けもせずそのまま横たわっている。どこかで猫が啼《な》き、シューシューというスプレーの音がする。たぶん同じアパートに住むあのホステスが使っているのだろう。ぼんやりした意識の中でそう考えるが、思いはまた消しゴムに戻っていってしまう。父と消しゴム、学校と消しゴム……。思い出と遊んでいるうちに、体の上に乗っている消しゴムはますます巨大になり、ついに六畳いっぱいになってしまう。猫の啼き声とスプレーの音はしつこく続いている。だがそれにしても、帰るとすぐガスストーブをつけたはずなのに、どうしてこんなに寒いのだろう……。その瞬間、はじめて大変なことになったと気がつく。ガスが洩《も》れているらしい。なんとかしなくてはと思うのだが、体がいうことをきかない。指一本うごかず、瞼《まぶた》も開かない。そして、一方では、これは夢なのだ、夢の中でガス中毒になっている夢を見ているのだ、と思ったりする。しかし、力をふりしぼり、体の上の消しゴムをはねのけ、起き上がり、どうにか窓を開けることに成功する。飼い猫が暴れて火を消してしまったらしいガスストーブの栓を元に戻し、窓から身を乗り出すようにして吐くと、その猫も一緒に吐きはじめた。そして、この「消しゴム」というエッセイは次の一節で締めくくられるのだ。

《その日は夕方まで頭が痛かった。脳みそがビニール袋をかぶったようで、人の言うことが膜一枚向うに聞え、ぼんやりしていた。夕方になってどうやら食欲も出たので、食事の支度に野菜籠にころがっていたキャベツを手にとった。外側の汚れた皮を一枚むいたら、中からガスが匂った。抽斗の中の畳んだハンカチも広げると匂ったし、ハンドバ

ッグの中の小銭入れもパチンと開けるとガス臭かった。／本当に恐ろしくなったのは、それからである》

意表をつく出だし、過不足ない情景説明、スリリングな展開、巧みな心理描写、そして卓抜なエンディング。読み終った私はその冴えた手並に驚き、あらためて筆者の名を見ると、向田邦子、とあった。テレビドラマの脚本家としてではなく、見事な文章家としての向田邦子の名を強烈に印象づけられたのはこの時が最初だった。

彼女の第一エッセイ集『父の詫び状』が出版されたのは、それから半年後のことである。『銀座百点』に連載されたその二十四篇のエッセイは、どれも「消しゴム」より長く、扱われている素材も多様だったが、両者の読後感はほとんど変わらなかった。精妙にして鮮やか。ひとことで言い切ってしまえばそういうことになるだろうか。

谷沢永一は『父の詫び状』を評して《始めて現われた〝生活人の昭和史〟である》という。確かに、そこにはとりたてて変わったところのない中流で平凡な家庭の、主として戦前における生活の相が活写されている。

かつて三島由紀夫は、円地文子の『女坂』を読むと、自分の幼年時代に残っていた「明治」という時代が蘇《よみがえ》ってくるような気がする、と語ったことがある。それと同じように、戦後に生まれ育った私にも、『父の詫び状』を読むことで、「戦前の昭和」というひとつの時代がおぼろげながら感じ取れるように思える。その中に出てくる食卓の風景や学校の様子、あるいは親の叱り方やオヤツの名称などといったものにさえ、不思議ななつかしさを覚えてしまうのだ。

しかし、にもかかわらず、その細部を真に味読するに充分な同時代的体験を持っていない私にとって、『父の詫び状』は、「生活人の昭和史」である前に、まず「精妙にして鮮やか」な短篇集として存在することになる。

2

『父の詫び状』の二十四篇には、それぞれ独特の精妙さ、鮮やかさがある。一篇ごとに相応の工夫がこらされているからだ。しかし同時に、それらすべてに共通する特徴が、まったくないというわけではない。

第一にその「文章」である。どれも文章が極めて視覚的なのだ。それは、向田邦子が、語りたいことを常に挿話という形で提出する、ということと深く関っているように思える。しかもその挿話は、干枯らびた骨だけのものではなく、瑞々しい生命力をもったシーンとして描き出されるのだ。たとえそれが人であれ物であれ風景であれ、向田邦子が描く対象は、表情、色つや、匂い、などといった細部の急所が的確に押えられ、その結果、読み手は話の流れに沿って、登場してくる人や物や風景を、いとも簡単に映像化することができる。

特徴の第二は、その「結構」である。結構がドラマティックなのだ。なによりそれは、挿話と挿話のつなぎ方の大胆な飛躍に明らかである。『父の詫び状』においては、挿話から挿話への移行は一行の空きを作ることで示されている。しかし、その一行が実に激しい飛躍を秘めているのだ。読者は一瞬、どこへ連れていかれるのかと途惑《とまど》う。時間も空間も自在に飛び、描く対象も変化し、それによって伝えられる情緒までがめまぐるしく変わっていく。

だが、どれほど飛躍が激しくとも、それがそのままに放置されていれば、単なる散漫さということで片付けられてしまうだろう。読み手にそれが一種の快さと受け取られるのは、最後に到って、ばらまかれた挿話が一挙に統合されるからなのだ。最後の数行とエッセイの題名が共鳴しあい、勝手な方向をむいていた挿話がひとつの方向にむき直るのを感じるからだ。

子供の頃に熱中したトランプ占いに、自分の年齢だけシャッフルしたカードを、横に四枚ずつ何列も並べていく、というものがあった。途中で上下左右、あるいは斜めに同じ数字が揃うと、その二枚を取り除き、隙間をつめ、さらに並べていく。揃わなければ札の列は次第に多くなっていく。しかし、とりわけうまくいく場合には、ほとんど減らなかったカードの列が、最下方で二枚が揃ったとたん、一気に他のカードが揃いはじめ、ついには綺麗に一枚もなくなる時がある。

向田邦子のエッセイの終り方には、この最後の瞬間に似たカタルシスを感じるのだ。場にさらされているカードには相互の関係はないが、最後の札が開けられたとたん、すべてのカードに脈絡がつく。たとえば、それは『父の詫び状』においては「ねずみ花火」の中に完璧に近いかたちで見出すことができる。

次々に提出される挿話には直接的な関係はない。高松における小学六年生の時の挿話、鹿児島における小学四年生の時の挿話、女学生の頃の挿話、出版社の社員時代の挿話……と、そこに到って、ようやくこれが死者の物語であることがわかる。そして《何十年も忘れていたことをどうして今この瞬間に思い出したのか、そのことに驚きながら、顔も名前も忘れてしまった昔の死者たちに束の間の対面をする。これが私のお盆であり、送り火迎え火なのである》という文章によって、すべてが一気に統合されるのだ。あたかも、机の上に散乱している菩提樹の実に糸を通し、瞬時にして数珠を作るかのように……。

3

《向田邦子は突然あらわれてほとんど名人である》

山本夏彦は雑誌の連載時評『笑わぬでもなし』にそう書いた。なるほど向田邦子が『父の詫び状』で不意に文筆家として登場してきた時、彼女はすでに完璧な自分のスタイルを持っていた。だが、私たちにとってそれがどれほど突然であり不意のことであろうとも、その独自のスタイルが一朝にしてできあがったものでないこともまた確かである。とすれば、まず問うべきは、向田邦子をして『父の詫び状』という傑作を生み出すことを可能にさせたその基盤はいったいどのようなものであったのか、ということである。

それについて考える時、彼女がテレビドラマを永く書きつづけてきたという「経験」が、ことのほか大きな意味を持っていたらしいことに気づかざるをえない。視覚的であること、とりわけ細部が正確で挿話的であるというところに、テレビドラマのシーンの作り方と共通する工夫が感じられ、また挿話から挿話への大胆な飛躍には、テレビドラマにおける場面転換の仕方の応用が見て取れる。自らも、あるインタヴューで、「向田さんのお書きになるものは……非常に具体的に鮮明に読み手の中に浮き上がってきますね」という質問者の言葉に対して、「もしも皆さんが鮮明だと思ってくださるんなら、私の書きかたが、テレビ台本的なんじゃないかしら」と答えているくらいだ。しかし、もちろんそれがすべてではない。

『父の詫び状』において、語られる挿話の数は膨大なものだが、その核をなすのは「記憶」というものの存在である。向田邦子は、それがどれほど昔のことであれ、実に生き生きと記憶を現在に甦らせる。しかし、それは彼女の記憶力が格段によいから、というのではないように思える。決して記憶力が悪いはずはないが、問題はその良し悪しとは別のところにある。なぜなら、彼女は記憶している過去をそのまま無造作に並べているわけではないからだ。ある主題に沿って記憶を読み直し、それを提出しているのだ。過去の暗闇の底にロープで降り、懐中電灯のようなものを当てて、記憶を読み直していく。男性的な眼と女性的な眼を合わせ持つことのできた稀有の存在である彼女には、それを読む視線に他と異なる独特の角度が生じる。そのような視線によって切り取られた記憶の絵柄は、男性にとっても女性にとっても、馴染み深いものでありながらまったく目新しいものに映るのだ。実に向田邦子は記憶を読む職人であるかのようだ。

《思い出というのはねずみ花火のようなもので、いったん火をつけると、不意に足許で小さく火を吹き上げ、思いもかけないところへ飛んでいって爆《は》ぜ、人をびっくりさせる》

これは「ねずみ花火」の中の一節だが、記憶というものが、ある方向から光を与えるとまったく新しい意味を持って次々と甦ってくる、ということを語っているように私には思える。

しかし、向田邦子がこのような記憶の読み方ができるようになったについては、明らかに年齢が重要な意味を持っていた。それだけ多くの経験を手に入れることができたから、というのではなく、少なくとも彼女自身が自分の「位置」に納得し、そこから世界を見ることに慣れる必要があったと思えるのだ。

《生れて初めて喪服を作った。／あまり大きな声でいいたくないのだが、私は四十八歳である。キチンとしたところに勤めるなり、人並みに結婚をするなり、人生の表街道を歩いていれば、冠婚葬祭も自然と多くなり、夏冬の喪服の二枚や三枚あって当り前の年であろう。どういうめぐり合せか売れ残り、おまけにテレビの台本書きというやくざな稼業についたことも手伝って、いつも有合せでごまかしてきた》（「隣りの神様」）

このような文章を気負わず書くためには、やはりある程度の年齢になることが必要だったろう。若年の者がエッセイを書くのに不向きなのは、経験の多寡《たか》が問題なのではなく、自分の存在している位置を見定めることが難しいからだ。しかし、向田邦子は、その年齢と、思いもかけぬ病いという二つの要因によって、二つの直線が交わることで一点が確定されるように、自分の位置というものを無理なく見定めることができたにちがいない。

「経験」と「記憶」と「位置」。そのどれが欠けても『父の詫び状』が生まれることはなかった。

4

向田邦子のエッセイにおける特質は、小説においてもほとんど変わるところがない。『父の詫び状』と『思い出トランプ』のあいだに本質的な差異はない。文章が視覚的であること、結構が劇的であること、そして記憶が物語の核になるというところまで、両者は近似している。

『思い出トランプ』には、『父の詫び状』の「私」のかわりに、それぞれ固有の名前をもった中年の男女が登場してくる。彼らのさりげない日常の中に、ある時、思い出という名のカードをめくらせるささやかな契機が訪れる。物語は、現在に不意に紛れ込んできたその過去の記憶が動かしていくことになる。もちろん、彼らの記憶は、『父の詫び状』の時のように、そのまま向田邦子の記憶とするわけにはいかない。その記憶は作られた記憶である。つまり彼女は、自身の記憶を、彼らの状況に応じて少しずつ変化させながら付与しているのだ。しかしその時、もはやそれを記憶と呼ばず、「観察」と呼び換えてもさしつかえないように思える。そして、その観察の鋭さは、彼女が記憶を読む職人であった以上に、世間を視る職人であることを物語っている。

だからというわけでもないのだが、向田邦子の作品にはすぐれた職人の芸を思わせるところがある。その鮮やかな筆づかいの中に、たとえば腕のいい板前が魚を料理する前の、細心にして大胆な庖丁さばきを見ることができるような気がするのだ。

だが、向田邦子を職人の像と重ね合わせようとすることは、単なる思いつきによるものではない。彼女の母方の祖父が、不遇ではあったが腕のいい建具師だったというばかりでなく、彼女自身にも、自分の体の中に流れている職人的な血を肯定するところがあったらしいからだ。第二エッセイ集『眠る盃』の中の「檜の軍艦」という短文に、次のような一節がある。

《この頃になって、私の身のまわりの規準というか目安は、この祖父にあるのではないかと思うようになった》

彼女は決して具体的なものから離れようとしない。抽象的な思弁や空疎な修飾に筆が流れていくことがない。自分の身の丈に合った素材を、自分の手になじんだ道具で料理していく。声高に叫んだり、過剰な情緒に溺れたりすることがない。確実に自分の知っていること、手でさわれる世界しか書こうとしない。そのストイシズムは、どこかで職人の潔癖さと通じている。

谷沢永一や山本夏彦、あるいは山口瞳といった、その好みにおいて独特の頑《かたく》なさを持った人々に、彼女がとりわけ強く支持された理由のひとつに、その職人的ないさぎよさがあったのではないかと思われる。たとえば、山本夏彦が『笑わぬでもなし』で用いた

「名人」という言葉の中には、彼女の文章を職人のすぐれた芸と見なす観点があるような気がするのだ。

『父の詫び状』『眠る盃』『無名仮名人名簿』『思い出トランプ』『あ・うん』と、向田邦子の作品を読み直して、その鮮やかさにあらためて感動しながら、しかしひとつ物足りなく感じたとすれば、それはあまりにも自分を語ることが少なすぎるということであったかもしれない。意外なことだが、彼女は自分の父や母や弟妹や猫や友人については多くを語ったが、自らの本質について語ることがほとんどなかった。少なくとも、娘時代から、自分の位置を見定めるに到る最近までの、最も渾沌《こんとん》として最も豊穣な時期について、彼女はこれまでまったく触れようとしなかった。

作家としての向田邦子の未来にもし困難があるとすれば、その完結的な鮮やかさが長編を書く時の枷《かせ》にならないか、ということである。初の長編『あ・うん』は、単にテレビドラマのノベライゼイションだからというだけではない苦戦のあとがうかがえる。向田邦子の方法が長編を書くことでどのように変容していくか、また自らのことをどのように語ってゆくか、しかしそれは今後の作品を愉しみに待つより仕方がない。

5

……ここまで書き終ったのは、八月二十二日の土曜日だった。

午後二時、一息つくつもりでラジオのスイッチを入れた。しばらくして、台湾上空で飛行機の爆発事故があり、乗客乗員の全員が絶望とみられている、というニュースが流れた。アナウンサーは、さらにその飛行機に乗り合わせた日本人乗客の名を読み上げはじめた。

何気なく聞き流していた私は、途中で「K・ムコウダ」と読み上げる声を聞いて、びくっとした。日本人乗客は全員が男性らしいということだったが、なぜかその「K・ムコウダ」が向田邦子さんではないかという気がしたのだ。確たる理由はなかったが不安だった。まさか、と思う気持もあり、また、自分がここ何日か向田邦子について文章を書くことで頭を悩ましつづけてきたので、単なるイニシァルの一致ですぐに連想してしまったにすぎない、と思う気持もあった。しかし、やがてニュースに向田邦子の名が出はじめ、その確認作業をしているところだということになり、ついに確認されたという報が彼女の留守番電話の声とともに流されるようになった。

私はようやく書き上げた原稿を前に、しばし茫然とした。向田さんがいなくなってしまった以上、私の原稿はほとんど意味のないものになってしまったような気がしたからだ。本来、『父の詫び状』の解説を書くにふさわしい方は他にいらしたはずなのに、それをあえて私などに書かせてみようと向田さんが考えたのは、年少の者の感想を聞いてみたかったからであるらしい。私もそれに応《こた》えて、せめて向田さんが面白がってくれるような感想を述べたいものだと思いつつ、原稿用紙に何日も向かっていたのだ。

向田さんとは一度だけ会ったことがある。呑み屋で偶然に顔を合わせ、何人かと朝まで呑み明かした。どんなことを話したか、いまはもうほとんど忘れてしまったが、ひとつだけはっきり覚えていることがある。朝になり、店の外に出ると、すでにあたりはすっかり明るくなっていた。路上で私が大きく伸びをし、さあて家に帰って寝るとするか、と呟くと、向田さんは、私はこれから家に戻って仕事をするわ、と笑いながら言った。いささか疲労を覚えていた私はびっくりして向田さんの顔を見た。夜を徹して呑んでいるのに少しもくたびれているようには見えず、むしろ爽やかそうな表情を浮かべていた。ちょうど一年前の夏のことだ。

この解説が書き上がったら食事を御馳走してくださることになっていた、と後から聞いた。しかし、もういちど愉しい酒が呑めなかったということ以上に、もしかしたらただひとり、いくらかは面白がってくれたかもしれない人に、この原稿を読んでもらえなかったことが残念でならない。

それにしても、この原稿に引用した向田さんの文章の、この暗さはどうしたことだろう。「消しゴム」といい、「ねずみ花火」といい、「隣りの神様」といい、気がついてみると、どれも死にまつわる文章ばかりだった。無意識の選択ではあったが、いまとなってはどうしてもっと華やかな文章を引用しなかったかと悔やまれる。だが、もしかしたら、向田邦子のエッセイには、そのユーモアのかげにそれほど多くの死がちりばめられていた、ということなのかもしれないのだ……。

昭和五十六年九月十二日

（ノンフィクション作家）

文春文庫

父《ちち》の詫《わ》び状《じょう》

定価はカバーに
表示してあります

2006年2月10日　新装版第1刷
2007年1月15日　　　　第3刷

著　者　向《むこう》田《だ》邦《くに》子《こ》
発行者　庄野音比古
発行所　株式会社 文藝春秋
東京都千代田区紀尾井町 3-23　〒102-8008
TEL 03・3265・1211
文藝春秋ホームページ　http://www.bunshun.co.jp
文春ウェブ文庫　http://www.bunshunplaza.com

落丁、乱丁本は、お手数ですが小社製作部宛お送り下さい。送料小社負担でお取替致します。

印刷・凸版印刷　製本・加藤製本

Printed in Japan
ISBN4-16-727721-2